Markus Dangl

Naturalistische und eliminative Erkenntnistheorien

Philosophie, Naturwissenschaft und Technik
Band 6

Markus Dangl

Naturalistische und eliminative Erkenntnistheorien

Eine Kritik

Frank & Timme
Verlag für wissenschaftliche Literatur

Umschlagabbildung: Steintreppe mit Schattenspiel © Rainer Sturm / pixelio.de

ISBN 978-3-7329-0423-5
ISBN (E-Book) 978-3-7329-9580-6
ISSN 2365-4074

Herstellung durch Frank & Timme GmbH,
Wittelsbacherstraße 27a, 10707 Berlin.
Printed in Germany.
Gedruckt auf säurefreiem, alterungsbeständigem Papier.

www.frank-timme.de

Inhaltsverzeichnis

benwirkungen für Freunde und Familie dadurch auftreten würden. Ihnen danke ich für ihr Verständnis, dass sie meine Gesellschaft so manches Mal entbehren mussten.

Meiner Partnerin Regina danke ich ganz besonders für den Rückhalt und die Unterstützung in den letzten Monaten der Fertigstellung der Masterarbeit.

Markus Dangl

Ulm, März 2018

1 Einleitung

> Und in der Tat befürchte ich, daß meine Vorliebe für Physik auch *meinen* Geist in einen Fehler unserer Zeit verfallen ließ – ich meine: in die Gewohnheit, alle Dinge auf die Prinzipien eben jener Wissenschaft zurückzuführen – selbst wenn sie noch so sehr außerhalb ihres Bereiches lagen.
> (aus Edgar Allan Poe: Das Manuskript in der Flasche[1])

Die Frage nach Umfang und Grenzen menschlicher Erkenntnisfähigkeit und nach der Natur von Erkenntnis selbst kann in der Philosophiegeschichte auf eine lange Tradition zurückblicken. Im Zentrum des erkenntnistheoretischen Interesses steht dabei meist der Wissensbegriff. So widmet bereits Platon der Untersuchung, was Wissen ist, einen eigenen, umfangreichen Dialog, in dem er die zu seiner Zeit bekannten epistemologischen Ansätze diskutiert.[2] Klassisch wird „Wissen" als ein dreigliedriger Begriff von wahrer, gerechtfertigter Überzeugung[3] aufgefasst (engl. *justified true belief*, daher im Folgenden kurz JTB). Dieser *prima facie* plausible Ansatz schien über lange Zeit eine adäquate Begriffsanalyse darzustellen. Eine Theorie[4] des Wissens, die sich an diesen drei

---

[1] Edgar Allan Poe, „Das Manuskript in der Flasche", in: *Grusel- und Schauergeschichten*, übers. v. Gisela Etzel, Frankfurt am Main 2015, S. 7 (Hervorhebung im Original).

[2] Platon, *Theätet*, übers. u. hg. v. Ekkehard Martens, Stuttgart 2012.

[3] Siehe z.B. Gerhard Ernst, *Einführung in die Erkenntnistheorie*, Darmstadt 2011, S. 69. Dieser Definitionsvorschlag wird im Prinzip auch im *Theätet* erörtert. Anstelle von „Rechtfertigung" wird dort allerdings der Begriff der Erklärung (gr. *logos*) verwendet.

[4] Ich verstehe hier „Theorie" in einem abgeschwächten Sinn wie etwa „Konzept". Denn es kann weder bestätigendes noch widerlegendes Datenmaterial wie in empirischen Disziplinen herangezogen werden, noch lassen sich wie in den Formalwissenschaften Beweise führen, stattdessen ist ein philosophisches Konzept

Elementen orientiert, sollte dann allerdings nach Möglichkeit auch deren wechselseitige Beziehung und etwaige hierarchische Ordnung explizieren können. Denn da sich der philosophische Diskurs weder auf nur eine Wahrheitstheorie noch auf nur eine Form der epistemischen Rechtfertigung beschränkt und auch der Begriff der Überzeugung durchaus umstritten[5] ist, sieht sich der Erkenntnistheoretiker mit einer Vielzahl an allein kombinatorischen Möglichkeiten konfrontiert. Demzufolge kann man genau genommen nicht von *der* JTB-Definition des Wissens sprechen.

Ein zusätzliches, in der analytischen Philosophie über Dekaden viel diskutiertes Problem wurde zudem in einem Aufsatz von Gettier aufgeworfen, das Schwierigkeiten mit der dritten Bedingung, der epistemischen Rechtfertigung, nahelegt.[6] Gettier-Beispiele sind nämlich so konstruiert, dass jemand zwar eine wahre Überzeugung hat, aber nur durch glückliche Umstände in dieser Überzeugung gerechtfertigt ist, seine Rechtfertigungsgrundlage gewissermaßen instabil ist.

Im Rahmen dieser Arbeit setze ich mich mit zwei prinzipiellen Gegenpositionen zur traditionellen Charakterisierung von Wissen als JTB aus der jüngeren und aktuellen Debatte in der Erkenntnistheorie kritisch auseinander. Die Diskussion dieser Gegenpositionen dient dem Zweck, Stärken und Schwierigkeiten der JTB-Definition im Kontrast deutlich herauszustellen. Beiden Gegenpositionen ist gemeinsam, dass der oben problematisierten normativen Komponente von Wissen, der Bedingung der epistemischen Rechtfertigung, entweder eine weitgehend andere Bedeutung zugewiesen oder sie gar vollständig als eigenständiges Ingredienz des Wissensbegriffs aufgegeben wird. Während sich

mehr oder weniger sinnvoll, vgl. auch Peter M. S. Hacker, *Human Nature: The Categorial Framework*, Malden (MA) u.a. 2010, S. 11 f.

[5] Vgl. dazu die Erörterung in Ernst, *Einführung in die Erkenntnistheorie*, S. 56–67.

[6] Edmund Gettier, „Is Justified True Belief Knowledge?“ in: *Analysis* 23 (6), 1963, S. 121–123.

eliminative[7] Auffassungen direkt gegen die JTB-Definition von Wissen wenden, bestreiten *naturalistische* Gegenpositionen, dass philosophische Begriffsanalyse ein geeignetes Instrument zur Untersuchung erkenntnistheoretischer Fragen darstellt oder schränken deren Anwendbarkeit zumindest massiv ein und überantworten stattdessen den epistemologischen Aufgabenkomplex den Natur- und Kognitionswissenschaften.

Jeweils zwei Einzelpositionen des erkenntnistheoretischen Eliminativismus und des erkenntnistheoretischen Naturalismus werden in der Arbeit hinsichtlich der darin vertretenen Auffassung epistemischer Rechtfertigung näher untersucht. Anhand der vier Einzelpositionen wird aufgezeigt, dass *keiner* dieser vier erkenntnistheoretischen Ansätze als adäquate Antwort auf die Wissensfrage zu überzeugen vermag, da der normativen Natur des Rechtfertigungsbegriffs nicht oder nicht ausreichend Rechnung getragen wird. Das Ziel der Arbeit beschränkt sich jedoch nicht auf die Begründung dieser negativen Kernthese. Stattdessen werden im Anschluss an die kritische Auseinandersetzung mit dem epistemischen Eliminativismus bzw. Naturalismus entsprechende Konsequenzen hinsichtlich der Bedingungen gezogen, die eine Theorie basierend auf dem traditionellen Wissensbegriff erfüllen sollte, um Plausibilität beanspruchen zu können. Ich lege dabei der Arbeit die Methode der Begriffsanalyse zugrunde.[8]

Im Folgenden werden jeweils die beiden philosophischen Einzelpositionen zur eliminativen und naturalistischen Gegenposition der JTB-Analyse von Wissen kurz vorgestellt.

---

[7] Die Bezeichnung „eliminativ“ wurde in Anlehnung eines Aufsatzes von Fahrbach gewählt (Ludwig Fahrbach, „Die Elimination des Wissensbegriffs“, in: *Facta Philosophica* 6, 2004, S. 45–56). Der Begriff ist wesentlich geläufiger in der Philosophie des Geistes, z.B. beim sog. Eliminativen Materialismus.

[8] Siehe Ernst, *Einführung in die Erkenntnistheorie*, S. 38: „[...] hier geht es darum, Begriffe, die wir schon haben zu klären“. Anhand der oben angeführten naturalistischen Gegenposition wird schon deutlich, dass die Auseinandersetzung mit der epistemologischen Tradition auch und gerade ein Methodenstreit ist. Eine Übersicht zu anderen prominenten Beispielen für philosophische Methoden findet sich in Tatjana Schönwälder-Kuntze, *Philosophische Methoden zur Einführung*, Hamburg 2015.

Ein Hauptvorwurf seitens Kornblith lautet, dass die traditionelle Erkenntnistheorie sich nur mit Wissenskonzepten beschäftige, statt Wissen als „natürliches Phänomen“ selbst in Angriff zu nehmen.

Dieses Buch untergliedert sich wie folgt. In Kapitel 2 wird die traditionelle, dreigliedrige Fassung des Wissensbegriffs als Ausgangsbasis der Arbeit vorgestellt. Ein besonderer Fokus wird dabei auf die Bedeutung epistemischer Rechtfertigung gelegt. Kapitel 3 setzt sich dann detailliert mit den beiden Positionen des epistemischen Eliminativismus von Beckermann und Sartwell auseinander. Kapitel 4 widmet sich ausführlich der zweiten Gegenposition zum traditionellen Wissensbegriff, dem epistemischen Naturalismus von Quine und Kornblith. Zudem werden in diesem Kapitel zwei häufig anzutreffende Teilthesen naturalistischer Erkenntnistheorie einer Kritik unterzogen: Dies ist zum einen die Auffassung, dass sich Überzeugungen mittels kausaler Zusammenhänge bzw. durch zuverlässige Prozesse rechtfertigen lassen (epistemischer Kausalismus bzw. Reliabilismus) und zum anderen die These, Überzeugungen seien propositionale Einstellungen. Die Ergebnisse der Kapitel 3 und 4 werden anschließend in Kapitel 5 genutzt, um Schlussfolgerungen hinsichtlich einer plausiblen Fassung des traditionellen Wissensbegriffs zu ziehen.

2 Die traditionelle Definition von Wissen

Traditionell wird Wissen als wahre gerechtfertigte Überzeugung aufgefasst. Im Folgenden werden diese Definition und damit verbundene, für die Arbeit relevante, philosophische Fragestellungen erläutert.

In der philosophischen Fachliteratur wird meist zwischen *dispositionalem* und *propositionalem* Wissen (engl. *knowing how* vs. *knowing that*)[14] unterschieden: Während sich die erste Art von Wissen auf eine Fähigkeit oder ein Können bezieht (z.B. wissen, *wie* man E-Gitarre spielt), drückt die zweite Wissensform die Kenntnis darüber aus, dass ein bestimmter Sachverhalt besteht (z.B. wissen, *dass* Khartum die Hauptstadt des Sudans ist). Die genaue Relation zwischen beiden Wissensformen ist umstritten, so ist beispielsweise unklar, in welchem Umfang dispositionales auf propositionales Wissen reduzierbar ist.[15] In der vorliegenden Arbeit beschränken sich die Überlegungen auf den propositionalen Wissensbegriff.

Die JTB-Definition von Wissen lässt sich dann folgendermaßen ausformulieren: Eine Person *S* weiß, dass *p*, genau dann, wenn

[14] Siehe Gilbert Ryle, *The Concept of Mind*, 60th Anniversary Edition, London u. New York 2009, Kap. 2. Diese Unterscheidung ist nicht erschöpfend, siehe z.B. Thomas Grundmann, *Analytische Einführung in die Erkenntnistheorie*, Berlin u. New York 2008, S. 86.

[15] Vgl. dazu Ernst, *Einführung in die Erkenntnistheorie*, S. 45–47. Anstelle von „dispositionalem Wissen" verwendet Ernst den angemesseneren Begriff des nicht-begrifflichen bzw. impliziten Wissens.

1. *p* wahr ist
2. *S* glaubt, dass *p* wahr ist
3. und *S* darin gerechtfertigt ist, zu glauben, dass *p* wahr ist.[16]

Diese Definition von Wissen ist eine Zusammenstellung von einzeln notwendigen und zusammen hinreichenden Bedingungen. Auf keine der Bedingungen kann folglich verzichtet werden, ohne dass zugleich der Wissensanspruch des epistemischen Subjekts hinsichtlich der fraglichen Überzeugung, dass *p*, hinfällig wird.

Die JTB-Definition ist nun noch in mehrfacher Hinsicht erläuterungsbedürftig. Zunächst ist erstens zu klären, was unter *p* verstanden werden soll. *p* steht für eine *Proposition*, die in dieser Arbeit den Inhalt eines Aussagesatzes meint.[17] Dieselbe Proposition kann durch verschiedene Sätze repräsentiert werden, wie es z.B. bei „es regnet nie in Kalifornien“ und „it never rains in California“ der Fall ist. Es ist zudem umstritten, worauf das Prädikat „wahr“ primär anwendbar ist (Aussagesätze, Behauptungen, Überzeugungen etc.).[18] Propositionen in dem hier zugrunde gelegten Sinn nehmen entweder den Wahrheitswert „wahr“ oder den Wahrheitswert „falsch“ an, in Abhängigkeit davon, ob sie einen bestehenden oder einen nicht-bestehenden Sachverhalt ausdrücken (*Wahrheitsdefinitheit*).[19] Eine häufig anzutreffende, jedoch leicht zu Missverständnissen führende Unterscheidung ist diejenige zwischen *propositionalem Gehalt* und *propositionaler Einstellung*. Letztere bezieht sich auf Differenzen in der Sprechereinstellung, wie sie beispielsweise bei einer Aufforderung im Gegensatz

---

16 So ähnlich z.B. bei Grundmann, *Analytische Einführung in die Erkenntnistheorie*, S. 87 formuliert.

17 Vgl. Grundmann, *Analytische Einführung in die Erkenntnistheorie*, S. 593 und Gunnar Schumann, *Epistemische Rechtfertigung und Wahrheit als Empfehlung*, Münster 2013, S.232 f. Der Begriff der Proposition wird in der Literatur nicht einheitlich verwendet. Eine feinere Ausdifferenzierung des Propositionsbegriffs ist für die in dieser Arbeit zu behandelnden Aspekte jedoch nicht erforderlich.

18 Siehe Ernst, *Einführung in die Erkenntnistheorie*, S. 50.

19 Diese Festlegung ist ebenfalls nicht unproblematisch: Wie steht es mit vagen oder prinzipiell unentscheidbaren Sätzen und den darin ausgedrückten Propositionen? Im Folgenden sollen solche Sätze/Propositionen ausgeschlossen werden.

zu einer Frage deutlich werden, während der propositionale Gehalt den ausgedrückten Sachverhalt beschreiben soll (Bsp.: das Schließen einer Tür).[20] Hier besteht die Gefahr der Verwechslung zwischen Propositionen im Sinne eines Aussagesatzes mit dem propositionalen Gehalt eines Satzes, nur erstere sind *wahrheitswertfähig* (Bsp.: Er schließt die Tür).[21] Insbesondere sind Überzeugungen *nicht* identisch mit propositionalen Einstellungen – dies wird argumentativ in Abschnitt 4.4 untermauert.

Zweitens schließt obige Definition durch den Personenbegriff nichtmenschliche Lebewesen aus.[22] Auf diesen Punkt wird im Zusammenhang mit Kornbliths Naturalismus in Abschnitt 4.3 zurückzukommen sein.

Drittens stehen prinzipiell mehrere Wahrheitstheorien zur Auswahl, diese lassen sich in die beiden Gruppen *epistemisch* und *nicht-epistemisch* unterteilen. Bei epistemischen Wahrheitstheorien besteht ein sehr enger Zusammenhang zwischen Wahrheit und Rechtfertigung, Wahrheitsdefinition und Wahrheitskriterium lassen sich letztlich nicht voneinander trennen.[23] Zu den bekannten nicht-epistemischen Wahrheitstheorien gehören Tarskis semantische Wahrheitskonzeption (ursprünglich nur für formale Sprachen gültig)[24], deflationäre Theorien (Disquotations- und Redundanztheorien der Wahrheit), sowie korrespondenztheoretische Auffassungen von Wahrheit. Wichtige Vertreter epistemischer Wahrheitstheorien sind konsens-, kohärenz- und evidenztheoretische Konzeptionen. Auf eine Erörterung möglicher Vor- und Nachteile der genannten Wahrheitskonzepte kann an dieser Stelle verzichtet werden, da der Gesichtspunkt der epistemischen Rechtfertigung den Schwerpunkt der Arbeit bildet.

---

[20] Siehe nochmals Grundmann, *Analytische Einführung in die Erkenntnistheorie*, S. 593.

[21] So Schumann, *Epistemische Rechtfertigung und Wahrheit als Empfehlung*, S. 233.

[22] Ich fasse den Personenbegriff sehr eng auf und lasse Engel, Außerirdische etc. außer Betracht.

[23] Siehe Grundmann, *Analytische Einführung in die Erkenntnistheorie*, S. 44–56 und Ernst, *Einführung in die Erkenntnistheorie*, S. 53–55.

[24] Eine Erweiterung auf natürliche Sprachen mittels einer „Sprachstufenhierarchie“ wurde von Brendel vorgeschlagen, siehe Elke Brendel, *Wahrheit und Wissen*, Paderborn 1999, Kap. 2–5.

Rechtfertigung dem Wissenden prinzipiell bewusst sein muss (müssen) oder er ihn (sie) sich gegebenenfalls bewusst machen kann, unabhängig davon, ob sich die rechtfertigenden Gründe auch auf externe Sachverhalte stützen. Man kann diese Form der Rechtfertigung nach Grundmann auch als *Zugangsinternalismus* bezeichnen.[32]

Abschließend soll kurz auf die in der Einleitung erwähnte Gettier-Problematik eingegangen werden, da sie interessante Fragen hinsichtlich der Rechtfertigungsbedingung aufwirft. Eine plausible Wissenstheorie muss somit auch eine Antwort auf die Gettier-Herausforderung bereitstellen. Gettier zeigte in seinem Aufsatz,[33] dass die Bedingung der Rechtfertigung problematisch ist, wenn diese auf einem Schluss aus einer falschen Prämisse beruht. Dies soll kurz anhand eines seiner beiden Beispiele deutlich gemacht werden. Jones wird vom Firmendirektor zu sich gerufen und erfährt von diesem, dass Smith und nicht er den Posten als Abteilungsleiter erhalten wird. Jones weiß außerdem, dass Smith zehn Münzen in seiner Hosentasche hat. Jones zieht daher den gültigen Schluss, dass jemand, der zehn Münzen in seiner Hosentasche hat, Abteilungsleiter wird. Der Direktor ändert jedoch seine Entscheidung und ernennt Jones zum Abteilungsleiter. Zufällig hat Jones ebenfalls zehn Münzen in seiner Hosentasche. Seine Überzeugung, dass jemand Abteilungsleiter wird, der zehn Münzen in seiner Hosentasche hat, ist also wahr und gerechtfertigt, dennoch wird man in diesem Fall Jones kein Wissen zusprechen wollen.

Freilich wird sich nicht jeder Leser von Gettier davon überzeugen lassen, dass Jones in seiner Überzeugung tatsächlich gerechtfertigt ist. Allerdings lassen sich ähnlich gelagerte Beispiele finden, ohne dass die Rechtfertigung auf einer falschen Prämisse beruht, so z.B. der berühmte Fall der Scheunenattrap-

---

[32] Siehe nochmals Grundmann, *Analytische Einführung in die Erkenntnistheorie*, S. 250 f, insbesondere die zweite Spalte der Tabelle auf S. 251.

[33] Gettier, *Is Justified True Belief Knowledge?*

pen.[34] Allgemein zeigen derartige Beispiele folgendes Dilemma auf: Entweder ist die Rechtfertigungsbedingung nicht stark genug gefasst, um die Gettier-Problematik auszuschließen oder sie ist zu strikt, so dass das Gespenst des Wissensskeptizismus droht, weil sie unerfüllbar ist.[35] Die vielen verschiedenen Lösungsansätze in der Literatur brauchen hier nicht nicht diskutiert zu werden. Stattdessen wird dieses Problem in Kapitel 5 nochmals kurz aufgegriffen.

Im nächsten Kapitel werden die beiden eliminativen Positionen von Beckermann und Sartwell näher betrachtet.

---

[34] Siehe Alvin Goldman, „Discrimination and Perceptual Knowledge“, in: *The Journal of Philosophy* 73 (20), 1976, S. 772 f. Dieses Gedankenexperiment wird in Abschnitt 4.5 dieser Arbeit aufgegriffen. Zur Analyse und Kategorisierung von Gettier-Fällen siehe auch John Turri, „Is Knowledge Justified True Belief?“ in: *Synthese* 184 (3), 2012, S. 247–259 und Robert J. Fogelin, *Pyrrhonian Reflections on Knowledge and Justification*, Oxford u.a. 1994, S. 23–26.

[35] Vgl. dazu Brendel, *Wahrheit und Wissen*, S. 188.

3 Eliminative Positionen in der Erkenntnistheorie

3.1 Starker epistemischer Eliminativismus

In einem viel diskutierten Aufsatz von 2001 schlägt Ansgar Beckermann die Aufgabe des Wissensbegriffs vor.[36] Er begründet diesen überraschenden Vorschlag damit, dass der traditionelle Wissensbegriff nicht nur inkohärent, sondern auch irrelevant sei. Im Folgenden wird die Argumentation Beckermanns nachvollzogen und im Anschluss in Unterabschnitt 3.1.2 kritisch erörtert.

3.1.1 Der Vorwurf der Inkohärenz und Irrelevanz

Beckermann bringt seine Skepsis gegenüber der JTB-Definition bereits in einem früheren Aufsatz zum Ausdruck.[37] Sein Hauptargument lautet dabei, dass Wahrheit das einzige epistemische Ziel darstelle und Rechtfertigung als Mittel zur bzw. Kriterium für Wahrheit nur von untergeordnetem Interesse sei. Wahre Überzeugungen und gerechtfertigte Überzeugungen seien zwar jeweils für sich wichtige epistemologische Fachtermini, dürften jedoch nicht in einem Begriff

[36] Beckermann, *Zur Inkohärenz und Irrelevanz des Wissensbegriffs.*

[37] Ansgar Beckermann, „Wissen und wahre Meinung“, in: *Das weite Spektrum der analytischen Philosophie*, hg. v. Wolfgang Lenzen, Berlin u. New York 1997, S. 24–43.

Wissensbegriff und einem erkenntnistheoretischen Pendant ausgeschlossen seien.[41]

Den zweiten Teil seiner These, der die Irrelevanz des traditionellen Wissensbegriffs behauptet, begründet Beckermann schließlich hauptsächlich damit, dass sich die wesentlichen erkenntnistheoretischen Grundprobleme auch ohne den Wissensbegriff formulieren ließen und dass Wissen als Erkenntnisziel nicht plausibel sei. Für letztere Behauptung führt Beckermann drei Argumente an. Erstens sei unklar, worin der epistemische Mehrwert von Wissen gegenüber wahrer Überzeugung liegen soll. Zweitens sei der Wissensbegriff nach Sartwells Argumentation inkohärent. Und drittens schließlich würden viele Fachphilosophen als Ziel des Erkenntnisstrebens nicht Wissen, sondern Wahrheit sehen. Beckermann zieht daraus die Konsequenz, dass eine Begriffsanalyse von Wissen als erkenntnistheoretisches Projekt aufgegeben werden sollte.[42]

Trotz dieses negativen Ergebnisses spricht sich Beckermann dafür aus, andere erkenntnistheoretische Projekte weiter zu verfolgen, diese beträfen insbesondere die Frage nach Wahrheitskriterien (Rechtfertigung), nach der Zuverlässigkeit apriorischer Methoden und nach dem Ziel von Erkenntnis. Hinsichtlich der Frage der Entscheidung zwischen externalistischer und internalistischer Rechtfertigung schlägt Beckermann vor, zwischen eigenen und fremden Überzeugungen zu unterscheiden. So sei es plausibel, bei eigenen Überzeugungen internalistische Rechtfertigungskriterien anzulegen, während zur Beurteilung von Überzeugungen einer dritten Person eine externalistische Version, d.h. eine Bewertung der Zuverlässigkeit der Umstände ausschlaggebend sei.

---

41 Beckermann, *Zur Inkohärenz und Irrelevanz des Wissensbegriffs*, S. 577–579.

42 Beckermann, *Zur Inkohärenz und Irrelevanz des Wissensbegriffs*, S. 579–581.

3.1.2 Einwände

Zunächst kann man Beckermann sicher darin zustimmen, dass man zwischen „Wissen“ und „Erkenntnis“ unterscheiden sollte. Dennoch ist das große Interesse der Erkenntnistheoretiker am Wissensbegriff kaum verwunderlich. Denn der Wissensbegriff spielt nun einmal im gesellschaftlichen Alltag eine herausragende Rolle (sicher eine bedeutendere als „Erkenntnis“) und ist somit zwangsläufig im Blickpunkt der Erkenntnistheorie als der dafür zuständigen philosophischen Fachdisziplin. Als solche jedoch ist sie gerade der Aufgabe verpflichtet, den Wissensbegriff in seiner Allgemeinheit zu charakterisieren.[43] Insofern wird hier bereits deutlich, dass sich Beckermann insbesondere mit der These der Irrelevanz des Wissensbegriffs eine sehr große Beweislast auflädt. Bevor jedoch wesentliche Einwände gegen die Behauptung der Inkohärenz und der Irrelevanz von „Wissen“ diskutiert werden, soll zunächst die Frage nach dem epistemischen Mehrwert von wahrer, gerechtfertigter Meinung gegenüber bloß wahrer Meinung im Fokus stehen.

Dazu ist es hilfreich, im Gedankenexperiment die Situation in einer Welt zu betrachten, in der *alle* Menschen epistemische Superwesen derart sind, dass sie direkten Zugang zur Wahrheit einer jeden beliebigen Proposition haben.[44] Weiterhin gestehe ich im Folgenden zugunsten Beckermann zu, dass Wahrheit das einzige epistemische Ziel sein soll (*Wahrheitsmonismus*). Es gibt freilich auch einen guten Grund, der dafür spricht, dass in vielen Situationen *de facto*

---

[43] Ich unterstelle hier freilich ein bestimmtes philosophisches Selbstverständnis. Allerdings ließe sich bei einer Einschränkung des Wissensbegriffs auf einen *terminus technicus* in einem ganz speziellen Kontext daran zweifeln, ob es sich noch um eine philosophische Untersuchung handelte.

[44] Neben den in Fußnote 19 genannten Problemen gibt es auch Vorbehalte gegen die prinzipielle Möglichkeit eines allwissenden Subjekts, siehe Brendel, *Wahrheit und Wissen*, Kap. 5.4. Diese Schwierigkeiten spielen jedoch für die Entwicklung des Arguments keine Rolle. Beckermann nutzt ein ähnliches Gedankenexperiment, letztlich jedoch mit einer anderen Intention, siehe Ansgar Beckermann, „Lässt sich der Wissensbegriff retten? Replik auf die Kritiken von Peter Baumann, Thomas Grundmann und Frank Hofmann“, in: *Zeitschrift für philosophische Forschung* 56 (4), 2002, S. 592 f.

ein epistemischer Ziel- und Wertpluralismus vorliegt[45], nämlich unsere kognitive Begrenztheit (siehe unten) – eine eingehendere Betrachtung dazu kann hier jedoch entfallen, da dieser Punkt in Kapitel 5 aufgegriffen wird. Welchen Stellenwert hätte also epistemische Rechtfertigung in dieser gedachten Welt allwissender Subjekte? Als Antwort dürfte naheliegen: keinen, da sie weder als Wahrheitskriterium, noch als epistemisches Ziel, noch zur Abstützung inferentieller Überlegungen oder als epistemische Empfehlung[46] einer Überzeugung benötigt wird. Betrachtet man nun im Vergleich dazu unsere „normale" Welt, in der wir alle als epistemische Subjekte in unseren kognitiven Fähigkeiten begrenzt sind, so ergibt sich allerdings ein gänzlich anderes Bild.

Dies wird an der folgenden beispielhaften Situation deutlich: Angenommen, Herr *N* möchte von seinem in Botanik überragend beschlagenen Nachbarn *W* wissen, welches Düngemittel am besten für seinen Rosengarten geeignet ist. Ohne zu zögern rät *W* seinem Nachbarn *N*, das Düngemittel *D* zu verwenden. Da *N* neugierig ist und ihm außerdem viel an seinem Rosengarten liegt, erwartet er auf seine Nachfrage, *warum* denn ausgerechnet *D* das beste Düngemittel ist, eine Antwort von *W* (beispielsweise, dass er es selbst bei seinen Pflanzen erfolgreich angewendet habe oder dass er einen Fachartikel mit Studienergebnissen über die Wirksamkeit verschiedener Düngemittel gelesen habe etc.). Obwohl *W* weiß, dass *D* das beste Düngemittel ist, muss er seinen Wissensanspruch verteidigen können, sofern er nicht den Vorwurf der Unglaubwürdigkeit auf sich ziehen möchte.

Entgegen Beckermanns Auffassung lässt sich somit festhalten, dass epistemisch gerechtfertigt zu sein selbst dann für eine Person interessant ist, wenn sie bereits weiß, dass eine bestimmte Proposition *p* wahr ist. Der Hauptgrund

---

[45] Ein epistemisches Ziel hat immer einen Wert für das epistemische Subjekt, aber nicht jeder Wert muss zugleich als epistemisches Ziel verfolgt werden.

[46] Siehe Schumann, *Epistemische Rechtfertigung und Wahrheit als Empfehlung*.

dafür liegt in der normalerweise anzutreffenden Asymmetrie in der epistemischen Ausgangslage zwischen verschiedenen Personen: Denn in vielen Fällen eignen wir uns ein bestimmtes Wissen nicht durch eigene Erfahrungen an, sondern entweder durch direkte Kommunikation mit anderen oder indirekt über Medien. Eine hilfreiche Unterscheidung ist in diesem Zusammenhang diejenige zwischen der Interessenlage des Wissenden und der des Unwissenden.[47] In obigem Beispiel liegt *N* daran, sein Wissensdefizit auszugleichen, während *W* seinen Status als guter Informant erhalten möchte.[48]

An dieser Stelle könnte Beckermann natürlich kritisch einhaken und fragen, weshalb denn *W* ein besonderes Interesse aus epistemischer Perspektive daran haben sollte, als zuverlässiger Kommunikationspartner in Wissensfragen zu gelten? Darauf ließe sich erwidern, dass er andernfalls gewissermaßen die Spielregeln verletzte und nicht nur als geeignete Informationsquelle ausschiede, sondern möglicherweise sogar als Wissensempfänger. Denn so könnte zwar *W* dies im Hinblick auf seine (perfekten) Botanikkenntnisse in Kauf nehmen, müsste jedoch damit rechnen, dass er beispielsweise von Herrn *N* nicht mehr als rationaler Gesprächspartner betrachtet würde und somit unter Umständen wertvoller Informationen auf anderen Wissensgebieten verlustig ginge. Hier lässt sich also eine gewisse Parallele zur moralischen Bewertung von Handlungen ziehen: Wir tendieren ebenfalls dazu, in Wissensfragen die vorhandene bzw. fehlende epistemische Rechtfertigung der entsprechenden Person als eine Qualität bzw. als ein Defizit zuzuschreiben.[49]

Beckermanns Fehler besteht also darin, die normative Dimension epistemischer Rechtfertigung zu unterschätzen, indem er lediglich die Perspektive des

---

47 Siehe Ernst, *Einführung in die Erkenntnistheorie*, S. 132–134.

48 Zum Begriff des guten Informanten und der praktischen Bedeutung von Wissen siehe Craig, *Was wir wissen können*, S. 44 ff.

49 Vgl. dazu auch Frank Hofmann, „Wahrheit und Wissen. Einige Überlegungen zur epistemischen Normativität", in: *Zeitschrift für philosophische Forschung* 61 (2), 2007, S. 149 f.

Unwissenden in Betracht zieht.[50] So sieht er zwar richtig, dass epistemische Rechtfertigung eine wie auch immer geartete Verbindung zur Wahrheit aufweisen sollte,[51] beschränkt dann jedoch den Wert einer gerechtfertigten Überzeugung auf eine rein instrumentelle oder kriterielle Rolle. Der Vorzug der angeführten Begründung der Mehrwert-Intuition liegt darin, dass sie mit der Position des Wahrheitsmonismus verträglich ist.[52]

Im Folgenden betrachte ich Beckermanns Vorwurf der Inkohärenz des Wissensbegriffs. Beckermanns Behauptung stellt eine Zuspitzung eines Arguments von Sartwell dar, dessen Inkohärenzargument auf das traditionelle Wissenskonzept abzielt, nicht jedoch den Wissensbegriff als solchen verwerfen möchte.[53] Da Sartwells Thesen Gegenstand von Abschnitt 3.2 sind, kann hier auf eine detailliertere Darstellung verzichtet werden. Um Beckermanns Argumentation zu stärken, nehme ich für den Moment an, dass sich die Aufgabe epistemischer Rechtfertigung tatsächlich auf die beiden Teilaspekte „Wahrheitsförderlichkeit" (instrumenteller Aspekt) und „Wahrheitsanzeige" (kriterieller Aspekt) beschränkt – im Gegensatz zu den obigen Ausführungen. Nach Fahrbach lässt sich Beckermanns Behauptung in die zwei Teilthesen aufspalten, nämlich dass erstens weder zwei Merkmale „unterschiedlicher Stufe" in einem Begriff zusammengefasst werden dürfen, noch dass zweitens Kriterium für eine Eigenschaft und diese Eigenschaft selbst Bestandteil desselben Begriffs sein dürfen. Beide Teilthesen werden von Fahrbach mittels Gegenbeispielen wie „Stausee" (erste Teilthese) und der AIDS-Erkrankung (zweite Teilthese) plausibel zurück-

---

[50] So ähnlich sieht das auch Peter Baumann: „Ist der Begriff des Wissens inkohärent?" in: *Zeitschrift für philosophische Forschung* 55 (4), 2001, S. 597 f.

[51] Vgl. dazu auch Beckermann, *Lässt sich der Wissensbegriff retten?* S. 592.

[52] Grundmann beispielsweise versucht die Mehrwert-Intuition über einen epistemischen Zielpluralismus zu plausibilisieren, wobei er selbst einräumt, dass sein Erklärungsansatz lückenhaft bleibt, siehe Grundmann, *Warum wir Wissen als einen wichtigen Begriff der Erkenntnistheorie betrachten sollten*, S. 118–124, sowie Beckermanns Replik: Beckermann, *Lässt sich der Wissensbegriff retten?* S. 591.

[53] Siehe auch Fahrbach, *Die Elimination des Wissensbegriffs*, S. 47–49.

gewiesen.[54] Zusätzlich weist Baumann zu Recht darauf hin, dass im traditionellen Wissensbegriff gerade nicht „Wissen" unter Rückgriff auf Kriterien für Wissen definiert wird, so dass unklar bleibt, worin eine etwaige begriffliche Inkohärenz bestehen könnte.[55]

Beckermanns zweite These von der Irrelevanz des Wissensbegriffs lässt sich unter anderem aufgrund der oben angestellten Überlegungen zum epistemischen Mehrwert von Wissen gegenüber bloß wahrer Meinung zurückweisen. Denn weder die Begriffe „wahre Überzeugung" noch „gerechtfertigte Überzeugung" können für sich genommen den Wissensbegriff ablösen. So mag Beckermann damit zwar recht haben, dass sich einige Grundprobleme der Erkenntnistheorie auch ohne Rekurs auf den Wissensbegriff formulieren lassen, damit wird jedoch nicht plausibel, inwiefern ein anderer Begriff „Wissen" als einen zentralen Begriff der Alltagssprache ablösen könnte (vgl. dazu auch den ersten Absatz von Unterabschnitt 3.1.2). Für die herausragende Bedeutung des Wissensbegriffs in unserer modernen, hochtechnisierten Gesellschaft ist dabei zunächst nachrangig, welche epistemischen Ziele jemand unter „Wissen" subsumiert – ein Verzicht auf den Wissensbegriff ist generell schlicht nicht vorstellbar.

Beckermanns Vorschlag der Differenzierung zwischen internalistischer und externalistischer Rechtfertigung aufgrund der Perspektive der ersten bzw. dritten Person, sowie seine weiteren Ausführungen zu erkenntnistheoretischen Projekten im Allgemeinen werden an dieser Stelle nicht näher betrachtet und stattdessen nochmals kurz in Kapitel 5 aufgegriffen.

[54] Fahrbach, *Die Elimination des Wissensbegriffs*, S. 48 f.

[55] Siehe Baumann: *Ist der Begriff des Wissens inkohärent?* S. 596.

3.2 Schwacher epistemischer Eliminativismus

Sartwell verteidigt die These, dass Wissen lediglich wahre Überzeugung sei (TB-Definition, engl. *true belief*), in zwei Aufsätzen. In der ersten Arbeit von 1991 untersucht Sartwell klassische Gegenbeispiele zu seiner These und versucht hauptsächlich deren argumentative Kraft gegenüber seiner eigenen These zu widerlegen.[56] In einer Folgearbeit führt Sartwell dann die eigentliche Begründung für seine These an.[57] Zunächst werden die Kernthesen der beiden Aufsätze referiert und anschließend in Unterabschnitt 3.2.3 diskutiert.

3.2.1 Sartwells Definitionsvorschlag

In der Einleitung seines Aufsatzes von 1991 räumt Sartwell ein, dass seine These zunächst befremdlich wirke – angesichts der gängigen Praxis des epistemischen Sprechens, die zwischen Wissen und wahrer Überzeugung unterscheidet. Er beabsichtige allerdings auch keinen Beweis zu führen, sondern stattdessen Argumente dafür vorzulegen, warum ein solcher zunächst aufgeschoben werden könne. Schließlich sei bislang kein überzeugendes Argument dafür genannt worden, dass eine dritte, zusätzliche Bedingung zur TB-Definition überhaupt erforderlich sei – stattdessen würde meist lediglich auf die Intuition bzw. den praktischen Gebrauch des Wissensbegriffs verwiesen werden.

Sartwell beschreibt anschließend vier Gegenbeispiele, die es *prima facie* plausibel erscheinen lassen, dass Wissen sich nicht in TB erschöpft.[58] So ist in den ersten beiden Beispielen jemand von der Wahrheit des Satzes von Py-

[56] Sartwell, *Knowledge Is Merely True Belief.*

[57] Sartwell, *Why Knowledge Is Merely True Belief.*

[58] Sartwell fasst ausdrücklich Überzeugungen als propositionale Einstellungen auf, siehe Sartwell, *Knowledge Is Merely True Belief*, S. 157. Diese Voraussetzung ist jedoch für seine Argumentation unnötig und wird daher im Folgenden ignoriert (vgl. Kapitel 2 und Abschnitt 4.4).

thagoras nur aufgrund eines Traums überzeugt (wahre Überzeugung ohne rationale Basis, Beispiel 1) bzw. setzt einen sehr hohen Betrag im Pferderennen auf ein Pferd, das er blind aus einer Liste gewählt hat und von dem er dennoch felsenfest behauptet, dass es gewinnen wird, was auch tatsächlich eintritt (zufällig wahre Überzeugung, Beispiel 2). In einem weiteren Beispiel äußert jemand aufgrund einer Hirnoperation durch einen verrückten Wissenschaftler die Behauptung, dass die Goldbachsche Vermutung[59] wahr sei (im Beispiel wird die Annahme getroffen, sie sei tatsächlich wahr, Beispiel 3). Schließlich gelangt eine Person zu einer Überzeugung aufgrund einer Vorhersage aus einer Kristallkugel, die sich dann bewahrheitet (wahre Überzeugung auf einer irrationalen Grundlage, Beispiel 4).[60]

Sartwell ist sich mit seinen möglichen Opponenten darin einig, dass diese beispielhaften Fälle kein Wissen darstellten, da jeweils die Überzeugungen auf unzuverlässige oder gar irrationale Weise zustande gekommen seien. Allerdings sieht Sartwell die Ursache dafür nicht in einer fehlenden Rechtfertigung, sondern darin begründet, dass in diesen Gegenbeispielen keine tatsächlichen Überzeugungen vorlägen. Insbesondere würde dies an dem Wettbeispiel und dem Fall mit der Goldbachschen Vermutung sichtbar werden. Denn erstens handle der Spieler beim Pferderennen zwar nach außen hin so, als sei er davon überzeugt, dass er auf den Sieger gesetzt habe, aber dies als einen Fall einer wirklichen Überzeugung aufzufassen, hieße den Begriff zu sehr abzuschwächen. Hier fehle die innere Zustimmung und Festlegung der Person darauf, dass die entsprechende Proposition wahr sei. Zweitens stünden Überzeugungen mit anderen in Zusammenhang – das Beispiel mit der Goldbachschen Vermutung sei nicht ausführlich genug beschrieben. Denn würde man die be-

59 Die (starke) Goldbachsche Vermutung besagt, dass sich jede gerade Zahl, die größer als 2 ist, als die Summe zweier Primzahlen darstellen lässt. Diese Vermutung ist bislang unbewiesen.

60 Sartwell, *Knowledge Is Merely True Belief*, S. 157 f.

treffende Person nach damit in Verbindung stehendem mathematischen Wissen fragen, müsste sie entsprechend Auskunft geben können, um hinsichtlich der in Frage stehenden Überzeugung als glaubwürdig beurteilt werden zu können. Eine bloße einzelne Behauptung könne nicht den Status einer festen Überzeugung erfüllen. Sartwell folgert daraus, dass es sich bei den vier fiktiven Situationen um keine echten Gegenbeispiele zu seiner TB-Definition von Wissen handele, da jeweils der zugrunde gelegte Begriff von Überzeugung nicht reichhaltig genug sei. Er weist allerdings darauf hin, dass seine Auffassung von Überzeugung andererseits auch nicht zu stark sein darf, so dass nur noch gerechtfertigte Überzeugungen als tatsächliche Überzeugungen gelten würden.[61]

In einem darauf folgenden Abschnitt beschäftigt sich Sartwell mit einem möglichen Einwand gegenüber der TB-Definition von Wissen, dass diese Rückfragen der Form „woher weißt du das?“ unplausibel erscheinen lasse. Sartwell sieht in solchen auf Rechtfertigung abzielenden Fragen jedoch keinen prinzipiell relevanten Unterschied zu entsprechend umformulierten Fragen wie „warum glaubst du das?“. In beiden Fällen würden bei Ausbleiben von stichhaltigen Gründen in der Antwort die Behauptungen eines Sprechers nicht als Wissen eingestuft. Lediglich bei bloßer Meinung (im Gegensatz zu wahrer Überzeugung) könne aufgrund der Art und Weise einer rechtfertigenden Antwort noch nicht darauf geschlossen werden, dass die betreffende Person in Wirklichkeit nicht an ihre Behauptung glaubt.

Weiterhin führt Sartwell an, dass ein Sprecher Fragen nach der Rechtfertigung einer Behauptung unter Umständen auch zurückweisen kann, nämlich dann, wenn er eine solche Forderung für unangebracht hält – beispielsweise, weil er schon mehrere Begründungen angegeben hat und jede Antwort wiederum eine weitere Frage nach sich gezogen hat. Sartwell schließt daraus, dass

---

[61] Sartwell, *Knowledge Is Merely True Belief*, S. 158 f.

es Fälle von dem Gebrauch von „Wissen“ gibt, in denen keine gerechtfertigte Überzeugung vorliegt. Um diesen Schluss zu untermauern, nennt Sartwell drei Arten von Beispielen, die nahelegen sollen, dass wahre Überzeugung auch Wissen konstituieren kann. So führt er den Geistesblitz einer Mathematikerin an, die die Lösung eines Problems schon erfasst hat, bevor sie den eigentlichen Beweis als Rechtfertigung ausgearbeitet hat (Beispiel a). Weitere Beispiele beinhalten die unerschütterliche Überzeugung eines Vaters, dass sein unter Anklage stehender Sohn trotz erdrückender Beweislage unschuldig ist (Beispiel b) oder im Nachhinein eintretende, rechtfertigende Umstände für eine wahre Überzeugung, die man „schon immer gewusst hat“ (Beispiel c).[62]

Sartwell räumt ein, dass solche Beispiele noch nicht sicher zeigen würden – falls man sie als Fälle von Wissen akzeptiert – dass die TB-Definition hinreichend für Wissen sei, sondern nur, dass die Bedingung der Rechtfertigung nicht notwendig sei. Allerdings lege diese Art von Beispielen eine legitime, schwächere Auffassung von Rechtfertigung nahe, so dass damit die Frage aufgeworfen werde, in welcher Hinsicht sie sich von den ersten vier klassischen Gegenbeispielen 1-4 unterscheiden, in denen den involvierten Personen gerade kein Wissen zugestanden wurde. Eine Möglichkeit bestehe daher für einen Anhänger der TB-Fassung von Wissen einfach darin, jene vier Gegenbeispiele dennoch als Fälle von Wissen zu zählen, so wie ein etwaiger Gegner der TB-Definition schlicht die letzten drei Beispiele a bis c als Fälle von Wissen bestreiten würde. Letztlich könne stets ein behaupteter Wissensanspruch zu Recht von einer anderen Person angezweifelt werden, sofern eine gute Begründung ausbleibe.

Im Folgenden diskutiert Sartwell ein positives Argument dafür, dass Rechtfertigung keine logisch notwendige Bedingung für Wissen sei. Er begründet

[62] Sartwell, *Knowledge Is Merely True Belief*, S. 159 f.

dies damit, dass Rechtfertigung vielmehr der Status eines Kriteriums für Wissen zukomme. Sartwell versucht diesen Unterschied am Beispiel des natürlichen Elements Gold aufzuzeigen. Während ein bestimmtes Atomgewicht notwendig dafür sei, dass es sich um Gold handelt, diene z.B. der eigentümliche Geschmack von Gold lediglich als ein Nachweis des Metalls.[63] Dem möglichen Einwand, dass auch dieser Geschmack eine zwingend notwendige Eigenschaft sei, hält Sartwell entgegen, dass man sich eine andere mögliche Welt vorstellen könne, in der die gustatorische Ausstattung von Personen zu einer anderen Geschmackswahrnehmung führen könne.[64]

Sartwell führt dann aus, dass die ersten vier Gegenbeispiele auch im Rahmen seiner TB-Definition keine Fälle von Wissen darstellten, da die involvierten Überzeugungen nicht gerechtfertigt seien. Die Funktion der Rechtfertigung in seinem Konzept bestehe darin, sich zu vergewissern, ob eine bestimmte Überzeugung wahr sei. Sartwell greift dabei auf eine verbreitete Auffassung in klassischen Rechtfertigungstheorien, u.a. von BonJour, zurück, nach denen gerechtfertigte Überzeugungen wahrheitsförderlich sind. Er entnimmt daraus einen Hinweis dafür, dass das Ziel der Rechtfertigung einer Überzeugung dem Ziel der Wahrheit nachrangig sei, der Rechtfertigung folglich nur ein instrumenteller und kriterieller Status zukomme. Demzufolge bestehe das Ziel einer Rechtfertigung lediglich darin, zu zeigen, dass die Bedingungen für einen legitimen Wissensanspruch erfüllt seien, ohne dass Rechtfertigung dabei selbst Bestandteil der Wissensbedingungen sei.

In einem weiteren Beispiel betrachtet Sartwell den Fall einer geistig verwirrten Frau, die man danach fragt, woher sie weiß, dass $2+2=4$ ist, und die dies mit Stimmen in ihrem Kopf begründet, die sie als zuverlässige Wissensquelle betrachtet. Eine solche Situation ziele dann nicht auf Rechtferti-

[63] Sartwells Beispiel ist unglücklich gewählt.

[64] Sartwell, *Knowledge Is Merely True Belief*, S. 161.

gung als Überprüfung eines bestimmten Wissensanspruchs ab, sondern darauf, festzustellen, ob eine Person überhaupt epistemisch zuverlässig ist, d.h. ob ihre Überlegungen rational begründet sind. Sartwell sieht in diesem Punkt eine Schwierigkeit bei seiner Wissensdefinition, da man dieser zufolge der Patientin tatsächlich Wissen zuschreiben müsste (sie hegt eine feste Überzeugung, die wahr ist) während traditionelle Vertreter der Erkenntnistheorie dies nicht tun würden. Er betont jedoch, dass seine Auffassung von Wissen die Frage nach epistemischer Rechtfertigung nicht obsolet werden lasse. Denn im genannten Beispiel würde dies bedeuten, dass man gegenüber Behauptungen der Patientin auf anderen Gebieten außerhalb trivialen Alltagswissens sehr skeptisch eingestellt sein würde.[65]

Im Wegfall der Rechtfertigungsbedingung als einem eigenständigen Definitionsbestandteil sieht Sartwell einen Vorteil hinsichtlich einer Entscheidung zwischen internalistischen und externalistischen Rechtfertigungstheorien. Denn die TB-Definition verhalte sich in dieser Frage gerade neutral. Während internalistische Auffassungen epistemischer Rechtfertigung den Vorzug hätten, dass die Rationalität einer Person eine entscheidende Rolle bei der Bewertung eines Wissensanspruchs spiele, käme bei externalistischen Theorien der Weltbezug einer Überzeugung zur Geltung, d.h. die Erhöhung der Wahrscheinlichkeit der Wahrheit der betreffenden Überzeugung. Sartwell sieht keinen Grund dafür, zwischen beiden Gruppen von Rechtfertigungsansätzen zu wählen, vielmehr hänge die Eignung des jeweiligen Konzepts davon ab, welches Rechtfertigungsprojekt verfolgt würde. Externalistische Konzepte beschäftigten sich mit der Erzeugung von wahren Überzeugungen und internalistische Konzepte mit der Art und Weise der Einbettung von neuen Überzeugungen in bereits vorhandene.[66]

---

[65] Sartwell, *Knowledge Is Merely True Belief*, S. 161–163.

[66] Sartwell, *Knowledge Is Merely True Belief*, S. 163 f.

3.2.2 Sartwells Begründung

Sartwell nimmt die Überlegungen seines ersten Aufsatzes in der zweiten Arbeit zur TB-Definition von Wissen wieder auf, beginnt zunächst jedoch mit einer Festlegung von Grundbegriffen. So definiert Sartwell Wissen in der folgenden Weise: „[...] *knowledge is our epistemic goal in the generation of particular beliefs*".[67] Die Einschränkung auf bestimmte Propositionen dient dem Zweck, mögliche andere, breiter angelegte epistemische Ziele wie beispielsweise die Erhöhung des explanatorischen Gehalts von Sätzen auszublenden. Sartwell sieht zwei Aufgaben für Theorien epistemischer Rechtfertigung: Zum einen sei das die Bereitstellung von allgemeinen Methoden für die Erkenntnisgewinnung, zum anderen die Aufstellung epistemischer Maßstäbe für die Beurteilung einzelner Überzeugungen. Er unterscheidet dabei zwischen zwei Formen erkenntnistheoretischer Projekte, den deskriptiven und den normativen, die allerdings miteinander verknüpft seien. Während deskriptive Projekte der Kognitionspsychologie zuzuordnen seien und sich damit beschäftigten, wie wir tatsächlich zu Wissen gelangen, untersuchten normative Vorhaben, wie Überzeugungen zustande kommen sollten und welche Methoden eingesetzt werden müssen, um Wissen zu konstituieren.[68]

Sartwell zieht dann eine Analogie zu normativen Fragen in der Ethik. So wie man dort in vereinfachter Weise zwischen deontologischen und teleologischen Ansätzen unterscheiden könne, lasse sich eine ähnliche Differenzierung in normativen Projekten der Erkenntnistheorie treffen. Deontologische Konzepte beinhalteten folglich epistemische Pflichten und bestimmte Freiräume hinsichtlich der Bildung von gerechtfertigten Überzeugungen, ohne jedoch – im Gegensatz zu einer teleologischen Auffassung von Erkenntnistheorie – ein

---

[67] Sartwell, *Why Knowledge Is Merely True Belief*, S. 167, Hervorhebung im Original.

[68] Sartwell, *Why Knowledge Is Merely True Belief*, S. 167–169.

bestimmtes epistemisches Ziel zu verfolgen. Sartwell sieht die entscheidenden Nachteile einer deontologischen Position nach seiner Definition in der Erkenntnistheorie darin, dass der Wissensbegriff überflüssig würde und dass vor allem der Ursprung der epistemischen Verpflichtung nicht plausibel gemacht werden könne. Auch einer Mischform aus beiden Möglichkeiten steht Sartwell skeptisch gegenüber (d.h. Verfolgung eines übergeordneten epistemischen Ziels durch Verpflichtung auf bestimmte epistemische Regeln). Eine Hauptschwierigkeit bestehe nach Alston darin, dass wir nicht frei über unsere Überzeugungen verfügen können, die Position des doxastischen Voluntarismus also unplausibel sei. Damit verbleibe als einzige Option nur noch die von ihm vertretene teleologische Konzeption von Erkenntnistheorie.

Im Folgenden argumentiert Sartwell aus dieser teleologischen Position heraus für seine TB-Auffassung von Wissen. Zunächst betont er unter Berufung auf mehrere prominente Vertreter von Rechtfertigungstheorien, dass ein wesentliches Merkmal epistemischer Rechtfertigung in der Eigenschaft der Wahrheitsförderlichkeit („truth conduciveness") bestehe. Gerechtfertigte Überzeugungen seien daher mit einer höheren Wahrscheinlichkeit wahr als Überzeugungen ohne Rechtfertigung. Damit erschöpfe sich jedoch nach BonJour auch schon der epistemische Mehrwert von gerechtfertigten gegenüber nicht-gerechtfertigten Überzeugungen.

Die Aufgabe von Theorien des Wissens bestehe darin, so Sartwell weiter, das epistemische Ziel hinsichtlich einzelner Überzeugungen herauszustellen. Daraus würde sich dann für diejenigen Auffassungen, die ein solches Ziel mit wahren Überzeugungen identifizieren, automatisch ergeben, dass Wissen sich lediglich als wahre Überzeugung darstelle. Die Funktion epistemischer Rechtfertigung bestehe also nicht in einer logisch notwendigen Bedingung für Wissen, sondern erstens in einem unabhängigen Kriterium, das als Prüfstein für die

Frage, ob ein Fall von Wissen vorliegt, dienen könne und zweitens in einem methodischen Werkzeug, das zu Wissen führe.[69]

Sartwell verschärft diesen Punkt, indem er die These aufstellt, dass es inkohärent sei, etwas, das lediglich von instrumentellem Nutzen hinsichtlich auf ein übergeordnetes Ziel sei, als Bestandteil der Beschreibung des Ziels mit aufzunehmen. Sartwell räumt ein, dass er seine Behauptung, dass Wissen das Ziel des Erkenntnisstrebens sei, noch nicht näher begründet habe. Er gibt jedoch zu bedenken, dass andernfalls die ausgezeichnete Rolle des Wissensbegriffs im erkenntnistheoretischen Diskurs unplausibel wäre. Dem möglichen Gegenargument, dass sich der Wert epistemischer Rechtfertigung nicht nur auf die Rolle eines Wegbereiters zu einer wahren Überzeugung beschränke, sondern auch die Zuverlässigkeit künftiger Überzeugungen erhöhe, hält Sartwell entgegen, dass sich seine Überlegungen ja nur auf den Fall einer einzelnen Proposition *p* bezögen.[70]

Im Folgenden widmet sich Sartwell der Frage, welchen Vorteil ein epistemisches Ziel hätte, das über die reine TB-Auffassung von Wissen hinausreicht. Er möchte damit dem möglichen Vorwurf begegnen, von vornherein das erkenntnistheoretische Ziel als gegeben, nämlich als „wahre Überzeugung", vorauszusetzen. Eine solche Zielsetzung bestünde dann z.B. darin, wahre Überzeugungen mit angemessener Begründung anzustreben. Sartwell sieht jedoch keinen hinreichend plausiblen Grund dafür, warum eine solche Zielsetzung der einfachen TB-Variante vorzuziehen sein sollte. Denn der aus seiner Sicht einzige Vorteil bestünde lediglich darin, dass solche Überzeugungen eben wahrheitsförderlich seien – aber der Wahrheitsaspekt sei ja bereits durch TB als epistemisches Ziel abgedeckt.

[69] Sartwell, *Why Knowledge Is Merely True Belief*, S. 169–174.

[70] Sartwell, *Why Knowledge Is Merely True Belief*, S. 174 f.

In seiner Schlussfolgerung behauptet Sartwell, dass die Beziehung zwischen epistemischer Rechtfertigung und dem traditionellen Wissensbegriff in einem Dilemma bestünde. In der ersten Alternative besäße Rechtfertigung nur einen instrumentellen Wert, der sich darin erschöpfe, den Weg zu wahren Überzeugungen zu bahnen. In diesem Fall würde sich Wissen einzelner Propositionen in der TB-Definition erschöpfen, sofern man Wissen als erkenntnistheoretisches Ziel voraussetze. In der zweiten Alternative würde Rechtfertigung als ein eigenständiges epistemisches Ziel gelten, das jedoch in einen inkohärenten Wissensbegriff mündete, da keine Garantie bestünde, beide Ziele, Wahrheit und Rechtfertigung, zusammen zu erreichen. Damit, so Sartwell, hätte er gezeigt, dass Wissen durch lediglich wahre Überzeugung konstituiert werde.[71]

3.2.3 Einwände

Sartwells Ansatz in seinem Aufsatz von 1991 ist geschickt: Anstelle zu zeigen, dass die TB-Definition *hinreichend* für Wissen ist, argumentiert er zunächst für die schwächere These, dass die Rechtfertigungsbedingung der JTB-Definition *nicht notwendig* sei. Allerdings vermag sein erster Kritikpunkt an einer Zusatzbedingung zur TB-Fassung von Wissen, dass diese Bedingung nämlich nur durch das Intuitionsargument (siehe Kapitel 2) und den Hinweis auf den tatsächlichen Gebrauch von „Wissen“ gestützt werde, nicht zu überzeugen. Zwar können auch starke Intuitionen in die Irre führen. Allerdings legt der Gebrauch des Wissensbegriffs eine tatsächliche Kluft zwischen lediglich wahrer Meinung bzw. Überzeugung und Wissen nahe, so dass Sartwell letztlich auf Gegenbeispiele zur JTB-These nicht verzichten kann, um die These der Notwendigkeit einer dritten Bedingung (epistemische Rechtfertigung) zu erschüttern.

---

[71] Sartwell, *Why Knowledge Is Merely True Belief*, S. 175–180.

Sartwells vier Gegenbeispiele zur TB-These werfen zum Teil zu Recht Zweifel auf, ob in diesen Fällen tatsächlich Überzeugungen (Traum, Pferderennen) vorliegen. Allerdings besteht für Sartwells Versuch, den Begriff der Überzeugung als Kriterium für die Unterscheidung zwischen Wissen und Nicht-Wissen zu gebrauchen, wenig Aussicht auf Erfolg. Denn wie sollte sich eine Unterscheidung zwischen (wahrer) Meinung und (wahrer) Überzeugung hinreichend stabil für eine außenstehende Person manifestieren? Außerdem gesteht Sartwell selbst ein, dass eine Schwierigkeit darin besteht, den Überzeugungsbegriff entsprechend ausbalanciert zu verwenden, um sowohl *bloße Meinungen* als auch *gerechtfertigte Überzeugungen* auszuschließen. Somit liegt vielmehr nahe, dass die fehlende epistemische Rechtfertigung dafür ausschlaggebend ist, diese Gegenbeispiele als ein Verfehlen von Wissen aufzufassen. Denn im Zweifel kann schlicht nach den Gründen für eine Behauptung gefragt werden. Außerdem spricht Sartwells eigenes Beispiel der geistig verwirrten Frau gegen dessen eigentliche These, dass nämlich der TB-Ansatz hinreichend für die Etablierung von Wissen ist.

Man kann sicher Sartwells folgender Ausführung zustimmen, dass nämlich auch bei der TB-Fassung von Wissen Rückfragen nach einer Begründung sinnvoll sind. Allerdings übersieht Sartwell, dass er mit diesem Punkt genau das zugesteht, was er eigentlich widerlegen will: Denn ohne eine Antwort mit rechtfertigendem Charakter wird man der Person in der fraglichen Angelegenheit eben kein Wissen zuschreiben. Dass freilich ein derartiges Frage-und-Antwort-Spiel nicht *ad infinitum* betrieben werden kann, ist kein Argument gegen die JTB-Definition, sondern lässt sich vielmehr damit begründen, dass jeder vernünftige Zweifel an ein Ende gelangt.[72]

[72] Vgl. dazu Ludwig Wittgenstein, *Über Gewißheit*, hg. v. Gertrude E. M. Anscombe u. Georg H. von Wright, Frankfurt am Main 1984, z.B. §192, §204 und §220.

Auch Sartwells Beispiele a bis c, die als positive Belege für die TB-These dienen sollen, vermögen nicht zu überzeugen. Denn diese Beispiele sind eben keine Fälle von Wissen, sondern zeigen lediglich, dass der Wissensbegriff manchmal vorschnell im Sinne einer starken Überzeugung missbraucht wird.[73]

Sartwells Einwand, dass desgleichen ein Anhänger der TB-These die oben angeführten Gegenbeispiele 1-4 als Fälle von Wissen auffassen könnte, greift nicht: Denn Sartwell hatte diese klassischen Gegenbeispiele ja gerade mit der Absicht angeführt, um zu zeigen, dass diese auch nach der TB-Fassung kein Wissen darstellten. Ähnlich wie oben bei dem Punkt möglicher Rückfragen gesteht Sartwell auch hier seinem möglichen Opponenten indirekt mehr zu als er sich von seinem Standpunkt aus erlauben darf.

Sartwells Versuch, die Notwendigkeit epistemischer Rechtfertigung als Wissensbedingung auszuschließen, indem er eine Parallele zu den essentiellen Eigenschaften eines natürlichen Elements wie Gold zieht, gelingt nicht. Dies liegt schlicht und ergreifend daran, dass seine in diesem Beispiel getroffene Unterscheidung zwischen kontingenten und notwendigen Eigenschaften keineswegs zwingend ist. Auch der Rekurs auf mögliche Welten ist unter diesem Aspekt nicht hilfreich.

Wie in Unterabschnitt 3.1.2 an einem Gedankenexperiment demonstriert, erschöpft sich epistemische Rechtfertigung keineswegs in rein instrumentellen oder kriteriellen Zwecken. Aber selbst wenn man dies für einen Moment ausblendet, Sartwell zustimmt und wahre Überzeugung als primäres Ziel epistemischer Bemühungen sieht, bleibt dennoch offen, inwiefern Rechtfertigung selbst

[73] Vgl. dazu auch das Argument der *systematischen* Verwendungsweise des Wissensbegriffs von Brendel, *Wahrheit und Wissen*, S. 21 f. Ich halte diesen Einwand für gewichtiger als die Alternative, die Pierre Le Morvan, „Is Mere True Belief Knowledge?" in: *Erkenntnis* 56, 2002, S. 155 f, vertritt. Le Morvan sieht in den Beispielen eine gewisse Plausibilität als Fälle von Wissen, wenn man einen abgeschwächten Rechtfertigungsbegriff zulässt (das epistemische Subjekt hat dann keinen bewussten Zugang zu einem Rechtfertigungsgrund). Er wirft somit Sartwell vor, dass a bis c keine echten Beispiele für die TB-These darstellen.

nicht mehr Bestandteil der Wissensbedingungen sein soll. Denn Sartwell selbst räumt ein, das zumindest eine Rolle der Rechtfertigung in der Überprüfung von Wissensansprüchen besteht. Aber damit ist Sartwell letztlich doch wieder bei einer JTB-Definition von Wissen angelangt.

Eine Schwierigkeit in der Debatte um geeignete Rechtfertigungstheorien besteht darin, dem Anspruch gerecht werden zu wollen, ein *einziges* Konzept für alle möglichen Fälle von Wissen aufzustellen. Der vielfältige Gebrauch des Wissensbegriffs spricht allerdings dagegen. Insofern kann also Sartwell in dem Punkt zugestimmt werden, dass eine Entscheidung für eine einzige Rechtfertigungsform bzw. -klasse (internalistisch vs. externalistisch) nicht sinnvoll ist. Dieser Aspekt ist allerdings kein besonderer Vorzug der TB-These von Wissen, sondern natürlich völlig unabhängig von ihr einsehbar.

Im Folgenden werden die Argumente in Sartwells zweitem Aufsatz[74] näher betrachtet. Sartwells Kritik an einer Mischform aus teleologischen und deontologischen Elementen eines Wissenskonzepts ist im Rahmen der hier vertretenen Auffassung epistemischer Rechtfertigung nicht plausibel. Denn auch wenn man wie Sartwell wahre Überzeugung als epistemisches Ziel voraussetzt, so lassen sich Wissensansprüche nur dann sinnvoll legitimieren, wenn das epistemische Subjekt Normen der Rechtfertigung beachtet, sich also epistemisch verpflichtet fühlt. Sartwells Überlegungen zu einer rein teleologischen Auffassung von Wissen sind daher nicht schlüssig genug, um dem alltäglichen Wissensbegriff gerecht zu werden. Wie ausführlich in Unterabschnitt 3.1.2 begründet wurde, ist damit auch eine Reduktion von Rechtfertigung auf ein reines Mittel, um zu wahrer Überzeugung zu gelangen bzw. auf ein reines Kriterium für das Vorhandensein von Wissen nicht angemessen. Somit verkennt Sartwell, dass sich die Wissensdebatte nicht auf eine rein epistemische Zieledebatte verkürzen lässt.

---

[74] Sartwell, *Why Knowledge Is Merely True Belief.*

Sartwells Vorwurf der Inkohärenz eines Wissenskonzepts, das sowohl aus wahrer Überzeugung als auch aus epistemischer Rechtfertigung konstituiert ist, beinhaltet bei näherer Betrachtung zwei Teilthesen. Sartwell bleibt hier dem Leser allerdings eine Begründung schuldig, *warum* Mittel und Zweck, so die erste Teilthese, nicht Bestandteil ein und desselben Konzepts sein dürfen[75] (gestände man Sartwell zu, dass epistemische Rechtfertigung ausschließlich einem instrumentellen Zweck diente). Denn Brendel stellt zu Recht fest, dass zwar eine Unterscheidung zwischen einem *definitorischen* und einem *kriteriologischen* erkenntnistheoretischen Projekt sinnvoll ist, dennoch aber das Kriterium Bestandteil der Definition sein kann, da „Wissen“ primär ein epistemischer Ausdruck sei.[76] Fasst man hingegen die Elemente „wahre Überzeugung“ und „Rechtfertigung“ als Bestandteil einer doppelten Ziel- bzw. Zwecksetzung auf, so sei eine solche Konzeption ebenfalls inkohärent (zweite Teilthese), da die Möglichkeit konfligierender Ziele bestünde. Hier übersieht Sartwell (und Beckermann), dass erstens Wahrheit nicht unabhängig von epistemischer Rechtfertigung feststellbar ist und dass zweitens divergierende Ziele noch nicht zu einer konzeptionellen (bzw. begrifflichen) Inkohärenz führen müssen.[77]

Dass die epistemische Rechtfertigung einer bestimmten Überzeugung *p* auch zur Zuverlässigkeit künftiger Überzeugungen beiträgt, lässt sich auch mit Verweis auf die Einschränkung des Wissenskonzepts auf einzelne Propositionen nicht bestreiten. Insofern kommt epistemischer Rechtfertigung (gegen Sartwell) auch Zielcharakter zu.

Somit ist Sartwells Schlussfolgerung nicht richtig, dass nämlich ein Dilemma zwischen epistemischer Rechtfertigung und der traditionellen JTB-Definition

[75] Vgl. dazu auch die Einwände gegen Beckermann in Unterabschnitt 3.1.2. Beckermann kritisiert den klassischen Wissensbegriff als inkohärent, während Sartwell allgemeiner von einem inkohärenten Konzept spricht.

[76] Siehe Brendel, *Wahrheit und Wissen*, S. 27–29.

[77] Vgl. dazu Brendel, *Wahrheit und Wissen*, S. 31.

von Wissen bestünde. Denn weder beschränkt sich epistemische Rechtfertigung auf einen rein instrumentellen Nutzen, noch droht dem klassischen Wissensbegriff die Gefahr einer konzeptionellen Inkohärenz.

3.3 Implikationen für die traditionelle Definition von Wissen

In der Auseinandersetzung mit den beiden Positionen von Beckermann und Sartwell wurde deutlich, dass sich epistemische Rechtfertigung nicht auf eine wahrheitsanzeigende (Kriterium) und wahrheitsförderliche (Instrument) Rolle beschränken kann, um den Geltungsanspruch, den wir mit dem Wissensbegriff verknüpfen, plausibel zu erklären. Beide Positionen verkennen die normative Funktion, die epistemischer Rechtfertigung zukommt, um wahre Überzeugungen von Wissen zu unterscheiden. Wie lässt sich diese normative Funktion erklären? Wer etwas weiß und nicht nur einfach behauptet zu wissen, ist in der Lage, geeignete Gründe für sein Wissen anzuführen. Das beinhaltet ein Abwägen, Werten und Bewerten der Gründe, wozu allgemein anerkannte epistemische Maßstäbe oder Normen erforderlich sind. Welche Maßstäbe im Einzelfall heranzuziehen sind, kann umstritten sein. Ein epistemisch verantwortlich handelndes Subjekt muss sich aber in jedem Fall an allgemeinen epistemischen Maßstäben orientieren.

Mit dem Argument der angeblichen Inkohärenz versucht Sartwell, die beiden Komponenten „Wahrheit“ und „Rechtfertigung“ gewissermaßen gegeneinander auszuspielen. Auch hier lässt sich mit Verweis auf die normative Rolle epistemischer Rechtfertigung begründen, warum dies nicht gelingt.

Welche unmittelbaren Schlussfolgerungen lassen sich aus der Diskussion der beiden eliminativen Positionen für eine plausible Fassung einer JTB-Definition des Wissens ziehen? Erstens besteht eine essentielle Aufgabe epistemischer Rechtfertigung in der Begründung von Wissensansprüchen, und zwar unabhängig von einer möglichen weiteren teleologischen Funktion. Vertritt man einen epistemischen Zielpluralismus, könnte somit „Rechtfertigung" ein weiteres Ziel neben dem anderen Ziel „Wahrheit" darstellen. Zweitens legen Sartwells Beispiele nahe, einen weiten Rechtfertigungsbegriff zugrunde zu legen, um der Vielfalt des Wissensbegriffs gerecht werden zu können. Damit ist es plausibel, sich nicht auf eine einzige Rechtfertigungsart (wie z.B. die Kohärenztheorie) zu beschränken, sondern prinzipiell jede angemessene Begründung als Rechtfertigung zuzulassen.[78] Demzufolge wäre die JTB-Definition in einem schwächeren Sinne aufzufassen, nämlich als Rahmendefinition und nicht als Festlegung auf eine einzelne Rechtfertigungstheorie.

Das folgende Kapitel widmet sich den beiden anderen Gegenpositionen zum traditionellen Wissensbegriff, nämlich der naturalistischen Erkenntnistheorie von Quine und Kornblith.

[78] Vgl. dazu auch Beckermann, *Wissen und wahre Meinung*, S. 40 ff und Le Morvan, *Is Mere True Belief Knowledge?* S. 157.

4 Naturalistische Positionen in der Erkenntnistheorie

4.1 Varianten naturalistischer Erkenntnistheorie

Feldman charakterisiert naturalistische Erkenntnistheorie recht vage wie folgt: „Naturalized epistemology is best seen as a cluster of views according to which epistemology is closely connected to natural science.“[79] Für eine fruchtbare Auseinandersetzung ist daher eine genauere Untersuchung der jeweils vorliegenden Ausprägung einer naturalistischen Position, insbesondere hinsichtlich ihrer Relation zur klassischen Erkenntnistheorie, unumgänglich. So unterscheidet Feldman z.B. zwischen einer radikalen Variante des Naturalismus („replacement naturalism“) und einer gemäßigten Version („cooperative naturalism“).[80] Eine detailliertere Differenzierung trifft z.B. Koppelberg, der danach fragt, welchen Status naturalistische Erkenntnistheorie ihrem klassischen Gegenstück zugesteht, welche Teilprojekte verworfen bzw. integriert werden und welche Methoden als angemessen erachtet werden.[81]

---

[79] Richard Feldman, „Naturalized Epistemology“, in: *The Stanford Encyclopedia of Philosophy*, hg. v. Edward N. Zalta, 2012, 1. Absatz.

[80] Feldman, *Naturalized Epistemology*, Kap. 2 und 3.

[81] Dirk Koppelberg, „Was macht eine Erkenntnistheorie naturalistisch?“ in: *Journal for General Philosophy of Science* 27 (1), 1996, S. 75–80.

Diese Unterscheidungen aufgreifend, sollen die beiden Positionen von Quine und Kornblith daher u.a. daraufhin untersucht werden, welche Variante (radikal, d.h. klassische Erkenntnistheorie ersetzend oder gemäßigt, d.h. an klassische Erkenntnistheorie anschließend) tatsächlich vertreten wird, welche Methoden epistemischer Rechtfertigung und (im Anschluss an die Diskussion des epistemischen Eliminativismus) welche epistemischen Ziele propagiert werden.

Im folgenden Abschnitt wird zunächst Quines Position näher beleuchtet.

4.2 Klassischer epistemischer Naturalismus nach Quine

In seinem Aufsatz von 1969 schlägt Quine eine vollständige Neuorientierung der Erkenntnistheorie vor.[82] Ziel dieses Abschnitts ist die kritische Auseinandersetzung mit dieser radikalen Form eines Naturalismus. Quine hat seine philosophischen Thesen später teilweise etwas abgemildert,[83] dies muss im Rahmen dieser Arbeit jedoch unberücksichtigt bleiben.

4.2.1 Ablösung der traditionellen Erkenntnistheorie durch die Psychologie

Zunächst analysiert Quine die Situation der traditionellen Erkenntnistheorie aus seiner Sicht. Er zieht dazu eine Analogie zu der Disziplin, die stets als Paradebeispiel für sichere Erkenntnis gegolten hat, der Mathematik. Quine unterscheidet zwischen Begriffs- und Geltungsanalysen. Während Begriffsanalysen

---

[82] Quine, *Epistemology Naturalized.*

[83] Siehe z.B. seine Einstellung zur Revision beliebiger Sätze, Willard V. O. Quine, „Two Dogmas in Retrospect", in: *Canadian Journal of Philosophy* 21 (3), 1991, S.265–274.

in der Mathematik auf eine Klärung von Begriffen durch Reduktion auf bestimmte Grundbegriffe abzielten, würden dort Geltungsanalysen dazu dienen, Gesetzmäßigkeiten auf der Basis einiger, weniger offensichtlicher Grundgesetze abzuleiten. Konkret sei dies in den Anstrengungen zu Beginn des 20. Jahrhunderts sichtbar geworden, mathematische Grundlagen rein auf Gesetze der Logik zu begründen. Dieses reduktive Grundlagenprogramm sei jedoch gescheitert, da sich die Mengenlehre neben der Logik als mathematisches Fundament als unverzichtbar erwiesen habe, und jene aufgrund der Einsichten von Kurt Gödel[84] nicht die erhoffte Evidenz mathematischer Wahrheiten erbracht habe.[85]

Ein ähnliches Reduktionsproblem, so Quine, liege bei dem Teil der Erkenntnistheorie vor, der sich mit empirischem Wissen („natural knowledge")[86] beschäftigt. Hier werde versucht, empirisches Wissen auf die Sinneserfahrung zurückzuführen. Auf begrifflicher Ebene bedeutete dies, den Begriff des Körpers durch die Sinneserfahrung zu explizieren, und auf der Geltungsebene, empirisches Wissen durch Sinneserfahrung zu rechtfertigen. Einen ersten Ansatz zu diesem reduktiven Programm macht Quine bei Hume aus. Dieser hätte den Begriff „Körper" schlicht direkt auf die Sinneseindrücke selbst bezogen. Allerdings hätte Hume damit die Geltungsfrage, die sich am Problem des Nachweises der Gültigkeit von allgemeinen Aussagen aufgrund endlicher Beobachtungssätze zeigt, also dem klassischen Induktionsproblem, nicht lösen können.

---

[84] Die beiden Gödelschen Unvollständigkeitssätze, auf die sich Quine bezieht, besagen, dass erstens ein hinreichend mächtiges formales System aus Axiomen und Schlussregeln nicht zugleich widerspruchsfrei und vollständig sein kann und dass zweitens, wenn es widerspruchsfrei ist, dies sich nicht innerhalb des Systems beweisen lässt. „Vollständig" bedeutet, dass sich jeder innerhalb des Systems darstellbare Satz entweder beweisen oder widerlegen lässt. Die Menge der natürlichen Zahlen mit den beiden Operationen Addition und Multiplikation bildet beispielsweise ein solches hinreichend mächtiges formales System. Siehe z.B. Thomas Zoglauer, *Einführung in die formale Logik für Philosophen*, Göttingen 2008, S. 112.

[85] Quine, *Epistemology Naturalized*, S. 69 f.

[86] Ich folge hier der Übersetzung von Wolfgang Spohn, siehe Willard V. O. Quine, „Naturalisierte Erkenntnistheorie", in *Ontologische Relativität und andere Schriften*, übers. v. Wolfgang Spohn, Frankfurt am Main 2003, S. 87.

Quine konstatiert, dass sich in dieser Hinsicht die Einsicht verbreitet habe, dass eine epistemische Fundierung empirischer Wissenschaften durch Beobachtungsdaten unmöglich sei, die das Ziel unbezweifelbarer Gewissheit im Sinne Descartes' verfolge.

Allerdings sieht Quine einen Fortschritt auf begrifflicher Ebene in den Arbeiten von Bentham, der mittels sog. Kontextdefinitionen Begriffe als elementare Bedeutungsträger durch vollständige Sätze abgelöst hatte. Damit sei man den Schwierigkeiten bei der Klärung der Art des Bezugs zwischen Bezeichner („Körper") und Bezeichnetem (den Sinnesdaten) enthoben. Einen zweiten Stützpfeiler des begrifflichen Fortschritts verortet Quine in der Anwendung mengentheoretischer Konstruktionen: Hiermit ließen sich komplexere Begriffskategorien aus einfacheren zusammensetzen. Einen entscheidenden Nachteil gegenüber den Kontextdefinitionen sieht Quine jedoch in der Verpflichtung auf eine reichhaltige Ontologie, die mengentheoretische Begriffsbildungen mit sich brächten. Den größten Durchbruch hinsichtlich der Rückführung einer Beschreibung der Außenwelt auf Sinnesdaten, so Quine, habe Carnap erzielt, auch wenn er dieses Vorhaben nicht erfolgreich vollenden konnte.

Quines nachfolgende Überlegungen gründen auf zwei empiristische Thesen: Erstens rühre alles, das für oder wider eine wissenschaftliche Theorie spreche, aus der Sinneserfahrung her, und zweitens erlangten Begriffe ihre Bedeutung letztlich ebenfalls *ausschließlich* aus der Sinneserfahrung. Aufgrund der oben angeführten Schwierigkeiten, die sich durch das Induktionsproblem ergeben, würde sich, so Quine, selbst ein erfolgreiches Carnapsches Reduktionsprogramm (das Quine für unmöglich hält) mit der Problematik der Mehrdeutigkeit konfrontiert sehen. Quine zieht aus der nach seiner Ansicht doppelt gescheiterten traditionellen Erkenntnistheorie (sowohl hinsichtlich der Geltungs- als auch der Begriffsanalyse), die Schlussfolgerung, erkenntnistheoretische Fragestellungen der Psychologie zu überantworten. Er begründet dies damit, dass es Aufgabe der Psychologie sei, zu untersuchen, wie tatsächlich auf Basis von Sinneserfahrung wissenschaftliche Theorien entstünden. Einem möglichen Zirkularitätseinwand, dass nämlich philosophische Überlegungen doch zuallererst die Voraussetzungen und das Fundament empirischer Disziplinen wie der Psychologie explizieren sollten, begegnet Quine mit dem Argument eines reduzierten Geltungsanspruches.[87]

Die weiteren Überlegungen Quines beschäftigen sich vornehmlich damit, seine Schlussfolgerung argumentativ zu erhärten. In Anlehnung an Peirce macht Quine die Bedeutung einer Aussage daran fest, welche Unterschiede sich aufgrund ihres Wahrheitsgehalts für mögliche Erfahrungen ergeben (Verifikationstheorie der Bedeutung). Als Erklärung für die Unmöglichkeit einer rationalen Rekonstruktion empirischer Wissenschaften aus der Sinneserfahrung – selbst mit einem Peirceschen Bedeutungsbegriff – führt Quine die These an, dass nämlich Erfahrungen nicht einzelne Sätze bestätigen oder widerlegen würden, sondern stets eine größere Satzmenge. Dies bedeutete, dass ein Reduktionsprogramm à la Carnap letztlich eine gesamte Theorie in logisch-mathematische und Beobachtungsbegriffe zu überführen hätte. Akzeptiere man, so Quine, die Bedeutungstheorie von Peirce und seine (Quines) im Ursprung auf Duhem zurückgehende holistische These, ergebe sich zwangsläufig die Unbestimmtheit der Übersetzung theoretischer Sätze in Beobachtungssätze. Als Argument für die Gültigkeit der Verifikationstheorie der Bedeutung führt Quine den Spracherwerb von Kindern und dessen soziale Kontrolle an, die rein aufgrund von äußeren Reizen ermöglicht seien.

Somit verbleibe als eigentlich epistemologische Aufgabe zu untersuchen, in welchem Zusammenhang Beobachtung (Sinnesreize) und Theorie stünden, und

[87] Quine, *Epistemology Naturalized*, S. 71–76.

Quines Kritik an der Sinnhaftigkeit eines Unterscheidungskriteriums zwischen analytischen und synthetischen Sätzen beruht letztlich auf seiner Skepsis gegenüber dem Status von Bedeutungen und gegenüber der Möglichkeit eines angemessenen Verständnisses von Bedeutungsgleichheit, insbesondere des intensionalen Gehalts von Begriffen.[96] BonJour weist zu Recht darauf hin, dass Quine in seiner Argumentation keine saubere Trennung der Dichotomie „analytisch/synthetisch" von den beiden damit oft in Zusammenhang gebrachten, aber nicht identischen Unterscheidungsmöglichkeiten „a priori/a posteriori" und „notwendig/kontingent" vornimmt[97] – dieser Aspekt soll jedoch im Folgenden nicht weiter betrachtet werden. Interessanter ist die Tatsache, dass Quine in der Erläuterung seiner Argumente sehr wohl die Bedeutung von „analytisch/synthetisch" herausstellt, obwohl er an der Sinnhaftigkeit dieser Dichotomie zweifelt.[98] Eine mögliche wohlwollende Interpretation besteht darin, Quines These so aufzufassen, dass er die Existenz der Dichotomie nicht völlig abstreitet, sondern die Gründe für die Dichotomie für ein philosophisches Missverständnis hält.[99] Als ein Hauptargument für die Ablehnung der Dichotomie „analytisch/synthetisch" führt Quine die Schwierigkeit einer Definitionsmöglichkeit an, denn es bestünde stets die Problematik, dass das *definiendum* mit Hilfe von Begriffen aus derselben selbst erst klärungsbedürftigen Begriffsfamilie definiert werden müsse.[100] Grice und Strawson führen neben dem etablierten philosophischen Gebrauch der in Frage stehenden Unterscheidung dagegen an, dass erstens aus den Definitionsschwierigkeiten nicht auf die Unmöglichkeit ei-

[96] Quine, *Two Dogmas of Empiricism*, S. 22 f.

[97] Laurence BonJour, *In Defense of Pure Reason. A Rationalist Account of A Priori Justification*, Cambridge u.a. 1998, S. 65.

[98] Siehe Gillian Russell, „Quine on the Analytic/Synthetic Distinction", in: *A Companion to W.V.O. Quine*, hg. v. Gilbert Harman u. Ernie Lepore, Malden (MA) u.a. 2014, S. 187 f.

[99] Siehe Herbert P. Grice, Peter F. Strawson, „In Defense of a Dogma", in: *The Philosophical Review* 65 (2), 1956, S. 143.

[100] Quine, *Two Dogmas of Empiricism*, S. 24–34.

ner Definition bzw. auf die Sinnlosigkeit der Dichotomie geschlossen werden kann, und dass zweitens, selbst wenn man nicht in der Lage ist, notwendige und hinreichende Kriterien für eine Begriffsdefinition anzugeben, dennoch eine sinnvolle Verwendungsweise einer Begriffsunterscheidung erläutert werden kann. Dies verdeutlichen die beiden Autoren eindrucksvoll am Beispiel der logischen Unmöglichkeit.[101]

Quines zweites, wesentliches Argument gegen die Unterscheidung „analytisch/synthetisch" stützt sich auf den Bestätigungsholismus. Demnach sei kein Satz, gleich ob analytisch oder synthetisch, immun gegenüber einer Revision angesichts „widerspenstiger" Erfahrung („recalcitrant experience").[102] Logische oder mathematisch Sätze würden nur deshalb normalerweise nicht geändert, um möglichst wenig Anpassungen am gesamten Netz aus Überzeugungen vornehmen zu müssen.[103] Damit würde eine Auszeichnung von analytischen gegenüber synthetischen Aussagen als gewissermaßen erfahrungsresistent entfallen und somit eine Definitionsmöglichkeit von „analytisch". Auch gegen dieses Argument führen Grice und Strawson erfolgreich an, dass der Bestätigungsholismus nicht per se ein Argument gegen die Distinktion „analytisch/synthetisch" darstelle. Man könne ja einfach eine mögliche Definition von „analytisch" über die Bedeutungsgleichheit („statement synonymy") von Aussagen aufstellen (zwei Aussagen sind bedeutungsgleich, wenn sie angesichts jeder möglichen Erfahrung stets in gleicher Weise bestätigt bzw. dazu im Widerspruch stehen), indem man den Zusatz ergänzt, dass die Wahrheitswerte anderer Sätze oder Aussagen unverändert gelassen werden.[104]

---

101 Siehe Grice, Strawson, *In Defense of a Dogma*, S. 148–151.

102 Quine, *Two Dogmas of Empiricism*, S. 40.

103 Hier ist anzumerken, dass ein wesentlicher Unterschied zwischen Duhems und Quines Holismus darin besteht, dass sich Duhems Holismus auf Sätze mit theoretischen Begriffen beschränkt und wissenschaftstheoretischer Natur ist, während Quines Holismus global ist und praktisch alle Sätze umfasst, vgl. Peter M. S. Hacker, „Passing by the Naturalistic Turn: On Quine's Cul-de-Sac", in: *Philosophy* 81 (2), 2006, S. 241 Fußnote 10.

104 Siehe Grice, Strawson, *In Defense of a Dogma*, S. 156 f.

Nach Quine sind die beiden empiristischen Dogmen, gegen die er sich stellt, durch die Verifikationstheorie der Bedeutung miteinander verknüpft. Es entbehrt nicht einer gewissen Ironie, dass er zwar gegen den logischen Empirismus argumentiert, gleichzeitig aber dennoch an der Verifikationstheorie als Versuch einer empiristisch (bzw. behavioristisch) ausgestalteten Bedeutungstheorie festhält. Aber dieser Versuch scheitert, denn der Bedeutungsbegriff lässt sich nicht an der Zustimmung oder Ablehnung einer Sprechergemeinde gegenüber Sätzen über Sinnesreize festmachen.[105] Zudem bleibt bei Quines Definition des Beobachtungssatzes (siehe oben S. 54) unklar, wie man die Bedingung der „übereinstimmenden Stimulation" bei zwei verschiedenen Personen garantieren könnte.[106]

Anstelle der Dichotomie „analytisch/synthetisch" schlägt Hacker eine (nicht-vollständige) Unterscheidung zwischen empirischen und konzeptionellen („conceptual") Sätzen vor, letztere beinhalteten logische, mathematische und grammatische Sätze (wie z.B. „‚rot' ist dunkler als ‚rosa'"). Entgegen Quines Auffassung können konzeptionelle Sätze durch keine mögliche Erfahrung bestätigt oder widerlegt werden, sie werden auch nicht aus Rücksicht auf zu große Änderungen der „Theorie" angesichts „widerspenstiger" Erfahrung beibehalten, sondern sie gewinnen ihre Bedeutung aus ihrer Rolle, die sie in der Sprache einnehmen.[107] Hier wird zudem sichtbar, dass Quines Ablehnung der ausgezeichneten Rolle von konzeptionellen Sätzen im Widerspruch zu seiner Metapher des Netzwerks aus Überzeugungen steht, in dem logisch-mathematische Sätze

---

105 Contra Quine führt Hacker z.B. an, dass beim Spracherwerb von Kindern deren Rolle als aktive Agenten und nicht nur als passive Empfänger von Sinnesreizen einen wesentlichen Aspekt darstellt. Vgl. dazu auch Thomas Sukopp, *Radikaler Naturalismus: Beiträge zu Willard Van Orman Quines Erkenntnistheorie*, Berlin 2006, S. 81 und Peter Janich, *Was ist Erkenntnis? Eine philosophische Einführung*, München 2000, S. 96. Zudem habe Quine eine falsche Vorstellung von Psychologie als Wissenschaft, so Hacker in *Passing by the Naturalistic Turn*, S. 251 f.

106 Vgl. dazu Janich, *Was ist Erkenntnis?* S. 148.

107 Siehe Hacker, *Human Nature: The Categorial Framework*, S. 17–21.

(oder allg. konzeptionelle Sätze) einen zentralen Platz einnehmen, während empirische Sätze (bzw. Beobachtungssätze) am Rand lokalisiert sind.[108]

Die nachfolgende Argumentation bezieht sich auf Quines Verständnis von Erkenntnistheorie. Es ist besonders auffällig, dass sich bei Quine eine doppelte Engführung abzeichnet: Erstens beschäftigt er sich vielmehr mit der Fundierung wissenschaftlicher Erkenntnis, also Wissenschaftstheorie, denn mit Erkenntnistheorie als solcher.[109] Der Wissenschaftsbegriff ist bei Quine ebenfalls sehr eng gefasst, denn Quine bezieht sich typischerweise nur auf Naturwissenschaften und im Speziellen auf Physik und Psychologie (Kognitionswissenschaften). Zweitens konzentrieren sich Quines Untersuchungen auf empirisches Wissen, andere Wissensarten wie z.B. mathematisches Wissen werden dieser Wissensform untergeordnet. Somit verfolgt Quine also tatsächlich ein anderes Projekt als der Titel seines Aufsatzes „Naturalized Epistemology" nahelegt.

Ein wesentlicher Aspekt der Erkenntnistheorie ist ihre normative Verfasstheit,[110] die bei Quine allerdings keine Rolle spielt. Man kann Quine freilich zustimmen, dass eine Rückführung von physikalischen Begriffen auf reine Beobachtungsbegriffe (bei Quine „Begriffsanalyse") und damit die eindeutige Deduktion einer physikalischen Theorie aus der Beobachtung (bei Quine „Geltungsanalyse") nicht möglich ist. Äußerst fragwürdig ist jedoch seine Schlussfolgerung, Erkenntnistheorie als normatives Unternehmen aufzugeben und durch empirische Untersuchungen der Kognitionswissenschaften, d.h. durch ein deskriptives Unterfangen, zu ersetzen. Wie BonJour treffend feststellt, bezieht sich Quines Analyse des (angeblichen) Scheiterns traditioneller Erkenntnistheo-

---

108 Vgl. dazu Raffaella de Rosa, Ernest Lepore, „Quine's Meaning Holisms", in: *The Cambridge Companion to Quine*, hg. v. Roger F. Gibson Jr., New York 2004, S. 75 f. Die beiden Autoren diskutieren eine gemäßigte und eine starke Version von Quines Holismus, wobei sie auf die berechtigte Kritik an Quine von Michael Dummett, *Frege: Philosophy of Language*, New York u.a. 1973, S. 592–597, verweisen.

109 Vgl. Sukopp, *Radikaler Naturalismus*, S. 113.

110 Siehe Kim, *What Is „Naturalized Epistemology?"* S. 383: „Epistemology is a normative discipline as much as, and in the same sense as, normative ethics."

rie lediglich auf eine schmale Ausprägung eines unplausiblen, radikalen Empirismus.[111] Wesentliche und vor allem sinnvolle Fragestellungen klassischer Erkenntnistheorie werden dagegen von Quine überhaupt nicht aufgegriffen.[112] Außerdem konstatiert Kim zu Recht, dass der Wissensbegriff ohne normative Komponente, d.h. zumindest ohne epistemische Rechtfertigung, aus der Erkenntnistheorie herausfallen würde. Möglicherweise denkt Quine, so Kim, an eine kausale Deutung von Wissensansprüchen, die Ausdrücke wie „causally nearer“[113] nahelegen.[114] Der epistemische Kausalismus bringt jedoch zahlreiche eigene Probleme mit sich, auf die in Abschnitt 4.5 eingegangen wird.

Zusammenfassend lässt sich daher festhalten, dass Quines naturalistische Erkenntnistheorie einen Themenwechsel vorschlägt: Anstelle der erkenntnistheoretischen Frage, wie wir Überzeugungen rechtfertigen sollten oder rechtfertigen können, soll nun der Schwerpunkt auf die Frage gelegt werden, wie Überzeugungen auf der Basis von Sinnesreizen zustande kommen. Anhand dieses Themenwechsels wird deutlich, dass sich Quine irrt und weder Erkenntnistheorie noch Philosophie generell aufgrund ihrer zwangsläufig allgemeinen Verfasstheit und anders gearteten Methodik[115] in den Naturwissenschaften, oder speziell in den Kognitionswissenschaften, aufgehen kann. Zudem ist Quine mit der Problematik der möglichen Inkohärenz konfrontiert, da er als Verfechter eines strengen Empirismus nicht-empiristische Annahmen trifft (z.B. Bestäti-

[111] BonJour, *In Defense of Pure Reason*, S. 84.

[112] Vgl. dazu Hacker, *Passing by the Naturalistic Turn*, S. 240–249 und Kim, *What Is „Naturalized Epistemology?“* S. 388.

[113] Quine, *Epistemology Naturalized*, S. 85.

[114] Siehe Kim, *What Is „Naturalized Epistemology?“* S. 389 f.

[115] Ich schließe mich hier der Auffassung von Hacker an, nach der Philosophie als eine Disziplin verstanden werden kann, die sich vor allem um Begriffsklärung bemüht, siehe Hacker, *Passing by the Naturalistic Turn*, S. 252. Eine prägnante Charakterisierung von Philosophie im Vergleich zu den Naturwissenschaften findet sich zudem in Hacker, *Human Nature: The Categorial Framework*, S. 75: „But philosophy is not the handmaiden of science. It is the tribunal of sense – for both science and common discourse.“ Daher bleibt Quines Versuch einer naturalistisch begründeten Erkenntnistheorie notwendig zirkulär, auch trotz eines reduzierten Geltungsanspruchs, vgl. oben S. 53 f.

gungsholismus und Kausalgesetz)[116] und damit philosophische Thesen vertritt, für die er außerhalb des von ihm selbst gesetzten naturwissenschaftlichen Rahmens argumentiert.

4.3 Kornbliths moderne Fassung des epistemischen Naturalismus

Kornblith kann als Vertreter eines epistemischen Naturalismus gesehen werden, der in der Nachfolge Quines dessen grobe Skizze eines naturalistischen Programms mit Rückgriff auf die *kognitive Ethologie*[117] umsetzen möchte. Im Folgenden werden die wichtigsten Argumente von Kornblith aus dessen Monographie „Knowledge and its Place in Nature“ dargestellt.

4.3.1 Wissen als natürliches Phänomen

Kornblith sieht ein generelles Missverständnis darin, dass sich Philosophie, traditionell verstanden, mit den Begriffen *von etwas* auseinandersetze, anstelle sich direkt mit dem jeweiligen Gegenstand selbst zu beschäftigen. So sei beispielsweise die Aufgabe der Philosophie des Geistes zu untersuchen, was „Geist“ ist und nicht, welches begriffliche Konzept von Geist wir verwenden. Weiterhin würden sich Philosophen in der Regel auf die Intuition als Standardmethode zur Rechtfertigung ihrer Erkenntnisse berufen, deren Reichweite sei jedoch stark beschränkt und selbst deren positive Ergebnisse seien zumindest noch klärungsbedürftig.

[116] Vgl. dazu Sukopp, *Radikaler Naturalismus*, S. 121 und BonJour, *In Defense of Pure Reason*, S. 69 f.

[117] Im Englischen „cognitive ethology“, eine wissenschaftliche Disziplin im Grenzbereich zwischen Verhaltensbiologie und den Kognitionswissenschaften.

Nach George Bealer[118] würde es sich bei dieser Form der Rechtfertigung, genauer bestimmt, um *a priori* Intuition handeln, im Gegensatz zu anderen, eher heterogen aus verschiedenen Quellen zusammengesetzten Rechtfertigungsmöglichkeiten, wie z.B. dem gesunden Menschenverstand. Darauf aufbauend und unter der Prämisse, dass Naturalisten als strenge Empiristen als Belege für eine These nur unmittelbare Erfahrungen und Beobachtungen gelten lassen sollten, speise sich nach Bealer der inhärente Widerspruch zwischen naturalistischer Theorie und naturalistischer Praxis, wenn Naturalisten eben doch mittels Intuition argumentierten.[119]

Ein zweiter Widerspruch nach Bealer ergebe sich aus dem von Naturalisten beanspruchten holistischen Prinzip der Rechtfertigung nach dem eine Theorie nur dann gerechtfertigt sei, wenn sie die meisten Erfahrungs- bzw. Beobachtungsbelege erklären würde. Aufgrund der empiristischen Einschränkung auf Belege aus Sinnesreizen würde das epistemologische Vokabular, in der Naturalisten ihre Thesen formulierten, selbst nicht Teil einer naturalistischen Theorie sein können.

Bealers Vorwürfen hält Kornblith entgegen, dass erstens die Berufung auf Intuition nicht als reine *a priori* Methode verstanden werden müsse. Zweitens sollte die jeweils eigene Intuition mit denen von Fachkollegen abgeglichen werden. Drittens gehe es darum, Wissen als ein *externes* Phänomen und nicht als einen *internen* Begriff zu verstehen. Des Weiteren ließen sich Intuitionen in einen naturalistischen Rahmen einbetten, in dem Wissen als eine natürliche Art aufgefasst werde. Kornblith sieht dabei letztere These von Wissen als natürliche Art ausdrücklich als eine empirische These an. Als Vorbild für eine solchermaßen verstandene Erkenntnistheorie dienten naturwissenschaftliche Untersuchungen. Die Beispiele von Wissen oder Nicht-Wissen, die unsere Intuition zu

118 Siehe die Referenzen in Kornblith, *Knowledge and its Place in Nature*, S. 2 Fußnote 6.
119 Kornblith, *Knowledge and its Place in Nature*, S. 1–7.

Tage fördern würde und bei denen in weiten Teilen ein übereinstimmendes Urteil zustande käme, könnten analog zu den Gesteinsproben eines Sammlers als Einzelfälle eines Phänomens aufgefasst werden – die Beurteilungen seien somit wie im Falle von Gesteinsproben *a posteriori* und daher auch unsere (sich durchaus im Lauf der Zeit möglicherweise verändernde) Intuition.[120]

Eine natürliche Art ist nach Kornblith, der sich dabei auf Richard Boyd bezieht, eine „Anhäufung von Eigenschaften“, die gegen externe Einflüsse einen stabilen Zustand aufrecht erhalten können. Als Beispiel nennt Kornblith „Wasser“, das aufgrund seiner molekularen Struktur eine stabile Einheit bilde.[121]

Kornblith sieht eine prinzipielle Schwierigkeit bei der Überprüfung von Intuitionen anhand von Gedankenexperimenten. Denn diese seien sowohl zu eng als auch zu weit gefasst. Zu eng, da aufgrund unzureichender empirischer Untersuchungen an bestimmte Fälle von Wissen einfach nicht gedacht würde und zu weit, da manche Beispiele schlicht unmöglich seien. So seien Intuitionen über Wissensbedingungen historisch geprägt, denn heute würde beispielsweise im Gegensatz zu Descartes niemand mehr Gewissheit als notwendige Voraussetzung für Wissen fordern.[122]

Dem Vorwurf von BonJour und anderen, dass nämlich Naturalisten auf Formen der *a priori* Rechtfertigung (wie z.B. logisches Schließen) bei der Verteidigung ihrer Thesen nicht verzichten könnten und sich daher ähnlich wie bereits oben im Falle von Bealer ein Widerspruch zu ihren eigenen Thesen ergäbe, entgegnet Kornblith, dass das entscheidende Kriterium die Zuverlässigkeit solcher Schluss- und Argumentationsregeln sei und nicht deren apriorischer Charakter.[123]

---

[120] Kornblith, *Knowledge and its Place in Nature*, S. 8–12.

[121] Kornblith, *Knowledge and its Place in Nature*, S. 61 f.

[122] Kornblith, *Knowledge and its Place in Nature*, S. 16 f.

[123] Kornblith, *Knowledge and its Place in Nature*, S. 22: „Reliability is the naturalist's standard here. Meeting a priori standards is simply irrelevant.“

Außerdem sieht Kornblith gegen Bealer keine Schwierigkeit einer empirischen Fundierung epistemischer Begriffe, sofern es ein hinreichend einheitliches Phänomen „Wissen“ gebe – aber dies würden empirische Untersuchungen eben herausstellen müssen. Kornblith betont, dass er solche Untersuchungen als anschlussfähig an die philosophische Tradition erachtet, die Autonomie der Philosophie als eigenständige Disziplin stünde dabei nicht zur Debatte. Allerdings fasse er Philosophie nicht als ein *a priori* Unternehmen auf, das völlig unabhängig von den Fortschritten in den empirischen Wissenschaften arbeiten könne.[124]

Kornblith nennt als Paradebeispiel einer empirischen Disziplin, in der Wissen eine wesentliche Funktion als Kausalerklärung einnehme, die kognitive Ethologie. Kornblith bezweckt damit, Wissen als „naturwissenschaftliche Kategorie“[125] ausweisen zu können. In seinem Hauptargument für eine solche naturalistische Fundierung des Wissensbegriffs verweist Kornblith auf die Verwendung von Begriffen wie „vorsätzlich“ und „absichtlich“ („intentional terms“)[126] in der wissenschaftlichen Literatur zur Verhaltensbeschreibung von Tieren, wie beispielsweise beim Ablenken eines Räubers vom eigenen Nest. Denn würden die Fachwissenschaftler auf die Zuschreibung von Handlungsabsichten verzichten, sähen sie sich mit der Schwierigkeit konfrontiert, in dann völlig unterschiedlichen Verhaltensweisen sich wiederholende Muster und damit Sinnzusammenhänge zu erkennen, geschweige denn erklären zu können. Als ein Beispiel für das kognitive Leistungsvermögen von Insekten führt Kornblith die Fähigkeit von Ameisen an, die auf Nahrungssuche selbst bei großen Entfernungen vom Nest und nach zahlreichen Umwegen denselben Weg zurückfinden

124 Kornblith, *Knowledge and its Place in Nature*, S. 23–27.

125 Kornblith, *Knowledge and its Place in Nature*, S. 29.

126 Kornblith, *Knowledge and its Place in Nature*, S. 33.

würden. Dieses Verhalten könne man nur mittels informationsverarbeitenden und auf die Umwelt reagierenden Prozessen erklären.[127]

Sobald man akzeptiere, so Kornblith, dass in Tieren deren eigene Bedürfnisse, sowie Merkmale ihrer Umgebung auf irgendeine Weise repräsentiert seien, hätte man schon den ersten Schritt auf dem Weg der Zuschreibung von Wünschen und Überzeugungen unternommen („beginnings of a belief-desire-psychology")[128]. Zweifelte man dagegen an der Zuschreibung von mentalen Zuständen bei Tieren und greife stattdessen auf eine rein körperliche Beschreibung von Verhaltensweisen zurück, so sei das ebenso ein Grund, die Existenz geistiger Zustände beim Menschen anzuzweifeln.

Nach Kornblith sind Überzeugungen propositionale Einstellungen, wobei einzelne Überzeugungen sich durch ihren Informationsgehalt voneinander unterscheiden lassen. Er nimmt ferner an, dass sich Überzeugungen letztlich rein auf physikalische Eigenschaften zurückführen lassen. Komplexe Verhaltensformen im Tierreich als *explananda* erforderten die Zuschreibung von Überzeugungen.

Dem möglichen Gegenargument, dabei einem Anthropomorphismus anheimzufallen, hält Kornblith entgegen, dass die Grenzziehung der Anerkennung bewusster Zustände beim Mensch, jedoch nicht bei Tieren eine Begründung erfordere. Denn Wissen bei Mensch und Tier würde sich zum Teil kaum unterscheiden, als Beispiel führt Kornblith das „blinde", d.h. unbewusste Zurückfinden des Nachhausewegs an.[129]

Kornblith geht daher noch einen Schritt weiter, indem er die Zuschreibung von Wissen bei Tieren angesichts ihrer kognitiven Fähigkeiten sogar für unerlässlich hält. Wissen nimmt nach Kornblith einen Status als *explanans* ein, um

[127] Kornblith, *Knowledge and its Place in Nature*, S. 28–36.
[128] Kornblith, *Knowledge and its Place in Nature*, S. 38.
[129] Kornblith, *Knowledge and its Place in Nature*, S. 37–48.

erfolgreiches Verhalten durch Anpassung des kognitiven Apparates an die Umweltbedingungen erklären zu können. Als Argument dafür, dass wahre Überzeugungen nicht ausreichten, führt Kornblith an, dass rein zufällig entstandene wahre Überzeugungen keinen Überlebensvorteil böten, sondern dass das entscheidende Ingredienz ein zuverlässiger Prozess sei, der diese wahren Überzeugungen hervorbringt. Somit vertritt Kornblith eine reliabilistische Auffassung epistemischer Rechtfertigung. Die kognitive Ausstattung von Tieren werde von kognitiven Ethologen als „Selektionsvorteil“ interpretiert, um „informationsverarbeitende Prozesse“[130] zu ermöglichen.[131]

4.3.2 Rationalität und epistemische Rechtfertigung

Im Folgenden sucht Kornblith die These, dass sich menschliches Wissen und Wissen im Tierreich nicht wesentlich voneinander unterscheiden würden, zu erhärten. Gegen das Argument, dass in der sozialen Praxis des Menschen Begründungen als Ausweis für das Vorhandensein von Überzeugungen dienten, führt Kornblith an, dass wir auch denjenigen Personen zahlreiche Überzeugungen zuschreiben würden, die sich einem Diskurs verweigerten.[132] Selbst die Fähigkeit des Sprachgebrauchs sei noch keine *conditio sine qua non* für die Zuschreibung von Überzeugungen (im Gegensatz zur Auffassung von Donald Davidson)[133], denn diese Zuschreibung sei stets durch noch so viele Äußerungen „unterbestimmt“.[134] Kornblith führt dazu das Beispiel des Vorhandenseins von weißen Blutkörperchen an: Dass die Teilnehmer einer Sprachgemeinschaft über den Begriff des weißen Blutkörperchens verfügten und selbst

130 Kornblith, *Knowledge and its Place in Nature*, S. 60.

131 Kornblith, *Knowledge and its Place in Nature*, S. 52–60.

132 Kornblith, *Knowledge and its Place in Nature*, S. 72–83.

133 Kornblith bezieht sich hauptsächlich auf dessen Aufsatz „Thought and Talk“, siehe Kornblith, *Knowledge and its Place in Nature*, S. 83 Fußnote 20.

134 Kornblith, *Knowledge and its Place in Nature*, S. 84 f.

weiße Blutkörperchen aufwiesen, könne schwerlich als Argument dafür herhalten, dass das Haben eines Begriffs von weißen Blutkörperchen eine notwendige Voraussetzung für den Besitz weißer Blutkörperchen darstelle. Nach Davidson erfordere der Besitz von Überzeugungen den Begriff der Überzeugung, um überhaupt zwischen wahren und falschen Überzeugungen unterscheiden zu können. Kornblith hält dieses Argument allerdings nicht für ausschlaggebend, da bei einer hinreichend schwachen Lesart des Überzeugungsbegriffs, um ihn bei Tieren in Anwendung bringen zu können, ein Rekurs auf ein ausgeprägtes Verständnis von Wahrheit und Irrtum nicht erforderlich sei.

Anschließend wendet sich Kornblith dem möglichen Einwand zu, dass Tiere und Kleinkinder deshalb kein Wissen hätten, da sie nicht bzw. noch nicht vollständig gesellschaftliche Kommunikationsregeln beherrschten und ergo epistemische Normen als Voraussetzung für Wissen nicht erfüllen könnten. Kornblith hält diesen Einwand für nicht überzeugend, da epistemische Normen ihre Kraft jenseits der sozialen Regeln schöpften, da ihr entscheidendes Merkmal ihre Wahrheitsförderlichkeit sei. Weiterhin seien in diesem Zusammenhang gesellschaftlich etablierte Normen kein Garant für die Zuverlässigkeit derselben hinsichtlich des epistemischen Ziels der Wahrheit, man denke beispielsweise an staatlich kontrollierte Medien.[135]

Die nun folgenden Gedankengänge Kornbliths richten sich darauf, die Rolle der Reflexion in ihrer Bedeutung für die Zuschreibung von Wissen zu kritisieren. Da Kornblith seinen Gegnern zugesteht, dass Menschen im Gegensatz zu Tieren über ein Reflexionsvermögen verfügen, ist ihm daran gelegen, dessen Funktion bei der Fundierung von Wissensansprüchen zu minimieren. Dazu betrachtet er paradigmatisch zwei Formen epistemischer Rechtfertigung, die in

---

[135] Kornblith, *Knowledge and its Place in Nature*, S. 88–102.

Kapitel 2 grob skizziert wurden: den Fundamentalismus (nach Chrisholm) und den Kohärentismus (nach BonJour).[136]

Kornblith sieht bei beiden Formen epistemischer Rechtfertigung die Notwendigkeit, dass sich das epistemische Subjekt auf die Zuverlässigkeit der Methode der Reflexion stützen kann. Tatsächlich jedoch würden empirische Studien nahelegen, dass wir uns häufig über die Gründe für oder gegen eine Entscheidung, beispielsweise beim Einkauf im Supermarkt, selbst täuschten. Ein zweiter Punkt betrifft die Voreingenommenheit bei der Suche nach der Evidenz für eine These. So sei auch in diesem Fall empirisch belegt, dass Personen dazu neigten, eher nach bestätigenden als nach widerlegenden Belegen zu suchen. Kornblith gelangt daher zu dem Zwischenfazit, dass wir aufgrund unserer fehlerhaften Selbsteinschätzung als rational denkende und handelnde Personen unsere epistemischen Defizite dadurch besonders schlecht erkennen könnten.

Ein Kernproblem jeder kohärentistischen Auffassung epistemischer Rechtfertigung besteht für Kornblith in der Vielzahl der Überzeugungen, die allein schon eine erfolgreiche Überprüfung auf Konsistenz (als Voraussetzung für Kohärenz) aus Komplexitätsgründen illusorisch erscheinen lasse. Diesem Problem könne sich allerdings der Fundamentalismus nach Chrisholm ebenfalls nicht entziehen, da der dort verankerte Wahrscheinlichkeitsbegriff wiederum die Berücksichtigung aller Überzeugungen eines epistemischen Subjekts erfordere. Dagegen bestünde der entscheidende Vorteil des epistemischen Reliabilismus gegenüber diesen beiden Rechtfertigungsarten in der externen Fundierung von Wissensansprüchen.[137]

---

[136] Kornblith, *Knowledge and its Place in Nature*, S. 103–111. Zu Chrisholm und BonJour siehe S. 110 Fußnote 9 bzw. 11.

[137] Kornblith, *Knowledge and its Place in Nature*, S. 112–136.

4.3.3 Epistemische Normen und die Rolle der Philosophie

Vertreter einer naturalistischen Erkenntnistheorie sehen sich häufig dem Vorwurf ausgesetzt, normative Überlegungen zugunsten eines rein deskriptiven Unternehmens aufgegeben zu haben. Kornblith schlägt jedoch im Gefolge des „späten“ Quine[138] eine instrumentelle Deutung epistemischer Normativität auf der Basis seines (Kornbliths) Naturalismus vor, wobei er dabei Wahrheit als epistemisches Ziel setzt. Bevor er diesen Ansatz konkretisiert, diskutiert er zwei andere Thesen, die jeweils eine unterschiedliche Begründung für den Ursprung epistemischer Normativität geben.

Nach Goldman ergebe sich epistemische Normativität aus rein semantischen Betrachtungen des epistemischen Vokabulars. Mit Stich wendet Kornblith dagegen ein, dass im Falle einer uns fremden Kultur eine Übereinstimmung und ein Verständnis epistemischer Normen angesichts der Unterschiede in den kognitiven Prozessen und der Sprache kaum vorstellbar wäre. Kornblith folgert daraus, dass semantische Analysen nicht dabei helfen können zu entscheiden, welche epistemische Normen wir verwenden sollten. Kornblith lehnt jedoch ebenfalls Stichs eigene These aufgrund ihrer fehlenden Allgemeinheit und des fehlenden epistemischen Charakters ab, die besagt, dass die Eignung epistemischer Normen sich an den jeweils individuell verschiedenen Wünschen und Bedürfnissen des epistemischen Subjekts orientiert.[139]

Kornblith betrachtet demgegenüber die folgenden drei Alternativen zur Erklärung epistemischer Normen. Demzufolge ließen sich diese Normen als hypothetische Imperative fassen, die erstens von bestimmten, individuell verschiedenen Zielen abhängen oder zweitens von bestimmten, allgemein geteilten Zielen abhängen oder drittens davon abhängen, dass jemand (oder etwas) überhaupt

[138] Siehe Kornblith, *Knowledge and its Place in Nature*, S. 138 Fußnote 2.

[139] Kornblith, *Knowledge and its Place in Nature*, S. 137–146. Für die Referenzen zu Stich und Goldman siehe S. 139 Fußnote 5 bzw. S. 141 Fußnote 6.

Ziele oder Wünsche verfolgt. Bei den ersten beiden Alternativen sieht Kornblith die Schwierigkeit, dass die zugrunde gelegten Normen entweder nicht universell sind (erste Alternative) oder die Annahme universell geteilter Ziele höchst unplausibel ist (zweite Alternative). Daher propagiert Kornblith die dritte Variante: Epistemische Normen seien universelle hypothetische Imperative mit der epistemischen Zielsetzung der Wahrheit. Kornblith grenzt sich von Stich dahingehend ab, dass der genuin epistemische Charakter der Normen im Gegensatz zu Stichs Vorschlag erhalten bleibe. Wissen ist somit nach Kornbliths Verständnis ein reines Instrument für ein Lebewesen, um sich bestmöglich an die Umwelt anpassen zu können und seine biologisch oder anderweitig vorgegebenen Bedürfnisse[140] effizient befriedigen zu können. Entscheidend für die Güte einer epistemischen Norm sei die Zuverlässigkeit der zugrunde liegenden kognitiven Prozesse. Selbst eine Erhöhung der eigenen Zuverlässigkeit eines kognitiven Apparates durch Selbstbeobachtung hält Kornblith für möglich.[141] Abschließend wendet sich Kornblith dem Verhältnis von Philosophie und Naturwissenschaft zu. Wie Quine sieht er einen nahtlosen Übergang zwischen Philosophie und dem Kanon der naturwissenschaftlichen Disziplinen. Wissen nehme in den Kognitionswissenschaften, vornehmlich in der kognitiven Ethologie, eine wesentliche Funktion ein, um beobachtete Verhaltensweisen kausal erklären und verstehen zu können. Epistemische Normativität beruht nach Kornblith letztlich auf den Herausforderungen, die die Natur für ein Lebewesen darstellt. Erkenntnistheorie werde somit eine Teildisziplin der kognitiven Ethologie und Philosophie müsse als empirische Disziplin aufgefasst werden.[142]

---

[140] Kornblith, *Knowledge and its Place in Nature*, S. 160.
[141] Kornblith, *Knowledge and its Place in Nature*, S. 147–161.
[142] Kornblith, *Knowledge and its Place in Nature*, S. 162–177.

4.3.4 Einwände

Kornbliths Aufforderung an die philosophische Zunft, sich doch lieber mit den Gegenständen selbst anstelle der jeweiligen Begriffe zu beschäftigen, scheint auf den ersten Blick durchaus Plausibilität beanspruchen zu können. Bei näherer Betrachtung wird jedoch erkennbar, dass hier Kornblith einem Missverständnis aufsitzt. So trifft er bei seinen Untersuchungen Annahmen wie z.B. die Existenz eines hinreichend einheitlichen „natürlichen Phänomens" von Wissen, deren Bedeutung und mögliche Konsequenzen eine philosophische Betrachtung erst zu klären hätte. Denn Fragestellungen, die Voraussetzungen und Methoden einer Fachdisziplin kritisch reflektieren, weisen notwendigerweise über selbige hinaus. Eine sinnvolle Interpretation eines physikalischen Messergebnisses beispielsweise kann nicht allein durch noch so viele weitere physikalische Messergebnisse geklärt werden.[143] Kornbliths Fehler besteht also darin, einen Anspruch zu vertreten, nämlich Wissen als natürliche Art aufzuweisen, den er mit dieser Art von Untersuchung gar nicht erfüllen kann.[144] Demgegenüber helfen Analysen von Begriffen und theoretischen Konzepten, die implizit getroffenen und oftmals sehr verdeckten Voraussetzungen, sowie etwaige Spannungsverhältnisse und Widersprüche erst offenzulegen – insofern beschäftigt sich auch der Philosoph mit dem Gegenstand selbst, aber auf eine allgemeinere und grundlegendere Weise als dies der Fachwissenschaftler im Rahmen seiner Disziplin leisten kann.

Im Folgenden werden Kornbliths einzelne Argumente gegen Bealers Auffassung von der Rolle der Intuition detaillierter betrachtet. Aufgrund welcher Kriterien und wo genau man eine Grenzlinie zwischen *a priori* und *a posteriori* Einsichten zieht, dürfte Gegenstand einer eigenen umfangreichen

143 Vgl. dazu Janichs Kritik am Szientismus: Janich, *Was ist Erkenntnis?* S.63–70.

144 Siehe auch Laurence BonJour, „Kornblith on Knowledge and Epistemology", in: *Philosophical Studies: An International Journal for Philosophy in the Analytic Tradition* 127 (2), 2006, S. 319.

Diskussion sein.[145] Dagegen scheint es fruchtbarer zu sein, stattdessen die Unterscheidung „empirisch" vs. „konzeptionell" von Hacker[146] aufzugreifen. So kann man Kornblith zwar zustimmen, dass sowohl Erfahrungen die Intuition beeinflussen als auch der Diskurs mit den Fachkollegen gewinnbringend ist. Gleichwohl bleibt unklar, auf welche Weise Kornblith die These von Wissen als natürliches Phänomen empirisch überprüfen möchte. Eine Analogie zwischen kategorial völlig verschiedenen Entitäten wie Beispiele von Wissen und den Gesteinsproben eines Mineralogen zu konstruieren ist schlicht verfehlt.[147] Auch der Definitionsversuch einer natürlichen Art über eine Ansammlung stabiler Eigenschaften gegenüber externen Einflüssen ist äußerst vage und bestenfalls noch bei materiellen Gegenständen verständlich. Kornbliths Beispiel von Wasser als natürliche Art ist dabei eher irreführend, wenn man an verschiedene Aggregatzustände von Wasser denkt und diese als verhältnismäßig stabil auffasst – somit käme man auf mindestens drei[148]natürliche Arten derselben chemischen Substanz. Zudem verdeutlicht dieses Beispiel, dass Kornblith die Grenzen der Gültigkeit naturwissenschaftlicher Modelle zu verkennen droht. Denn eine Strukturformel von Wasser beschreibt lediglich bestimmte Aspekte des Aufbaus basierend auf idealisierten Modellannahmen, dies bedeutet aber eben nicht, dass Wasser mit diesem Strukturmodell gleichzusetzen wäre.[149]

Kornbliths Einwand, dass eine Überprüfung des Wissensbegriffs anhand von gedachten Beispielen sowohl zu weit als auch zu eng gefasst sei, übersieht, dass wir gerade mit Hilfe solcher Beispiele und nicht durch naturwissenschaft-

---

145 Vgl. dazu BonJour, *In Defense of Pure Reason*, S. 9.

146 Siehe S. 58 oben.

147 Vgl. dazu auch die Kritik von Alvin Goldman, „Kornblith's Naturalistic Epistemology", in: *Philosophy and Phenomenological Research* 71 (2), 2005, S. 404 f und das Problem einer festen Referenz von Bezeichner zu Bezeichnetem im Falle von *abstracta* wie „Beispiele von Wissen", siehe José L. Bermúdez, „Knowledge, Naturalism, and Cognitive Ethology: Kornblith's ‚Knowledge and Its Place in Nature'", in: *Philosophical Studies: An International Journal for Philosophy in the Analytic Tradition* 127 (2), 2006, S. 305–307.

148 Fest, flüssig und gasförmig, ohne Plasma als vierten Aggregatzustand.

149 Vgl. Kornblith, *Knowledge and its Place in Nature*, S. 61.

liche Experimente herausfinden können, ob wir „Wissen“ einheitlich verwenden und welche Voraussetzungen wir annehmen – dass Begriffe einen Bedeutungswandel erfahren können, steht dazu nicht im Widerspruch. Kornbliths Versuch, die Gültigkeit logischer Schlussfolgerungen gegen BonJour mit deren Zuverlässigkeit (und damit meint Kornblith anhand ihrer Bewährung durch die Erfahrung) begründen zu wollen, muss zwangsläufig scheitern. Denn wir akzeptieren die Gültigkeit logischer Schlüsse aufgrund ihrer ausgezeichneten Rolle, die sie in der Sprache einnehmen, und das heißt gerade unabhängig von jeder möglichen Erfahrung. Gegen reliabilistische Formen epistemischer Rechtfertigung können zudem ganz allgemein gewichtige Einwände geltend gemacht werden, die in Abschnitt 4.5 diskutiert werden.

Die nachfolgenden Überlegungen befassen sich mit Kornbliths Versuch, „Wissen“ naturalistisch über die kognitive Ethologie zu deuten. Kornbliths Gegner werden gar nicht bestreiten wollen, dass viele Tierarten zu bemerkenswerten kognitiven Leistungen fähig sind. Eine erste Schwierigkeit für Kornblith besteht jedoch bereits darin, plausibel zu begründen, warum Tieren überhaupt und vor allem welchen Tierarten (nicht nur Primaten) Handlungen und Absichten zugeschrieben werden *müssen* und nicht etwa bloß instinktive Verhaltensweisen ausreichen. Der Verweis auf das entsprechend verwendete Vokabular in der einschlägigen naturwissenschaftlichen Literatur ist zu wenig. Kornblith verkennt, dass die Beweislast aufgrund seiner These wesentlich mehr beinhaltet als die Leistungsfähigkeit bestimmter kognitiver Prozesse herauszustellen: Wer von Absicht und Planung spricht, unterstellt ein im Prinzip handlungsfähiges Subjekt, das beispielsweise zumindest in gewissem Umfang auch für seine Handlungen verantwortlich gemacht werden kann. Kornblith müsste daher zeigen, dass bestimmte kognitive Basisfähigkeiten bei Tieren nicht nur notwendig, sondern auch hinreichend dafür sind, diesen Tieren Handlungsfähigkeit zuzuerkennen – sein Argument der Begründungspflicht einer Grenzziehung zwischen Mensch und Tier in dieser Hinsicht kehrt unzulässigerweise die Beweislast um. Denn bei Personen verwenden wir etablierte Kriterien, um Absichten, Pläne, Vorhaben, Überzeugungen, Motive etc. erkennen und zuschreiben zu können.

Eine zweite Schwierigkeit besteht in einer überzeugenden Begründung dafür, warum ausgerechnet die kognitive Ethologie eine „naturalistische“ Fundierung des Wissensbegriffs bereitstellen soll. Bermúdez meldet zu Recht erstens Zweifel daran an, dass in dieser Disziplin Tiere als „informationsverarbeitende Systeme“ aufgefasst würden, um Verhaltensweisen plausibel erklären zu können. Zweitens bleibe Kornblith eine Antwort darauf schuldig, warum er den Wissensbegriff beispielsweise nicht mittels der Neurowissenschaften zu fundieren suche, die vielleicht im Licht zukünftiger Ergebnisse Kornbliths Vorverständnis von Wissen revidieren könnten.[150] Interessant ist dabei der Punkt, dass Kornblith tatsächlich ein traditionell geprägtes Konzept der für Wissen konstitutiven Bedingungen zugrunde legt, obwohl er mit seiner Untersuchung den (nicht einlösbaren) Anspruch verbindet, dieses erst empirisch aufzuweisen („[...] knowledge is, surely, more than just true belief“).[151]

Ein drittes, großes Problem besteht in dem immensen Sprung, den Kornblith vollzieht, indem er von der Verarbeitung von bloßen Sinnesreizen auf die Zuschreibung von Überzeugungen schließt. Dass das Haben von Überzeugungen einer physiologischen Basis bedarf, steht außer Zweifel. Äußerst kritisch muss man jedoch Kornbliths Versuch gegenüberstehen, Überzeugungen, Wünsche, Absichten etc. auf informationsverarbeitende Prozesse zurückführen zu wollen. Ein Navigationsgerät verarbeitet eine Vielzahl von Informationen, um die kürzeste Reiseroute auszugeben, dennoch wird man diesem keinesfalls die

---

[150] Siehe Bermúdez, *Knowledge, Naturalism, and Cognitive Ethology*, S. 301–307.

[151] Kornblith, *Knowledge and its Place in Nature*, S. 54, vgl. dazu Goldman, *Kornblith's Naturalistic Epistemology*, S. 407.

Überzeugung zusprechen, dass die berechnete Route die kürzeste ist. Zudem scheint Kornblith die Begriffe „Information“ und „propositionaler Gehalt“ gleichzusetzen, ohne jedoch dafür eine Begründung anzugeben. Kornbliths Beispiel des unbewussten Zurücklegens eines Wegs als Indiz dafür, dass sich Wissen bei Mensch und Tier teilweise nur geringfügig unterscheiden (gesteht man Kornblith dieses Beispiel als ein Fall von Wissen zu) ist nicht überzeugend, da Kornblith seine Beweislast hier falsch einschätzt. Denn er müsste gerade die qualitativ anspruchsvollen Fälle von Wissen naturalistisch begründen können (siehe dazu auch Fußnote 153 unten), von denen wir (in der Regel) davon ausgehen, dass nur der Homo sapiens dazu befähigt ist. Zudem verkennt Kornblith, dass sich Überzeugungen weder als propositionale Einstellungen noch als mentale Zustände adäquat beschreiben lassen. Entsprechende Gegenargumente dazu werden in Abschnitt 4.4 vorgestellt.

Im Folgenden werden Kornbliths Argumente diskutiert, die sich gegen Sprache, genauer gegen begriffliches Denken als notwendige Voraussetzung für das Haben von Überzeugungen richten. Kornblith sieht zwar mit Recht, dass wir auch Überzeugungen denjenigen Personen zuschreiben, die diese nicht im kommunikativen Austausch äußern oder begründen – schließlich kann man auch aufgrund von Beobachtungen des Verhaltens einer Person auf zumindest einige ihrer Überzeugungen schließen. Aber das ist freilich noch kein Indiz dafür, dass nicht doch Begriffe dafür notwendig sind, nicht nur Überzeugungen zu haben, sondern diese auch einordnen, bewerten, überdenken, aufgeben etc. zu können. Man kann daher mit Davidson[152] festhalten, dass die Fähigkeit zur Unterscheidung zwischen wahren und falschen Sachverhalten und eine entsprechende begriffliche Repräsentation konstitutiv für das Haben von Überzeugungen zu sein scheint.[153] Weiterhin fehlt natürlich dem Gegenbeispiel des Begriffs von wei-

[152] Siehe S. 67 oben.

[153] Kornblith könnte sich darauf berufen (ähnlich wie bei seinem Überzeugungsbegriff), nur einen „anspruchslo-

ßen Blutkörperchen im Unterschied zu deren Besitz jede argumentative Kraft, da es sich bei Überzeugungen nicht um materielle Entitäten handelt und gerade die Relation zwischen Begriff und Überzeugung zur Debatte steht.

Im Unterschied zu Quines Aufsatz „Epistemology Naturalized" thematisiert Kornblith die Frage nach der Funktion epistemischer Normen. So sieht er zu Recht Wahrheit als epistemisches Ziel. Allerdings unterschätzt er ähnlich wie Sartwell und Beckermann den empfehlenden Charakter epistemischer Normen und reduziert diese allein auf das Kriterium der Wahrheitsförderlichkeit.[154] Sein Einwand, dass gesellschaftlich fundierte, epistemische Normen das Ziel der Wahrheit verfehlen können, greift zu kurz, da dies schließlich sowohl auf seine eigene propagierte Form von Reliabilismus im Besonderen (eine z.B. bislang als zuverlässig geltende Methode stellt sich als unzulänglich heraus) als auf jede Position im Allgemeinen zutrifft, die einen nicht-epistemischen Wahrheitsbegriff und eine fallible Auffassung epistemischer Rechtfertigung vertritt. Sein Beispiel der staatlich kontrollierten Medien zeigt letztlich nur auf, dass epistemische Subjekte immer dazu aufgerufen sind, ihre epistemischen Maßstäbe einer kritischen Reflexion zu unterziehen, beispielsweise bei konfligierenden Überzeugungen.

Kornbliths Versuch, die Rolle der Reflexion bei der Bildung und Bewertung von Überzeugungen anhand empirischer Studien zu untergraben, vermag nicht zu überzeugen, da eine Unfehlbarkeit im rationalen Denken eines epistemischen Subjekts nicht vorausgesetzt werden muss, wie er im Grunde selbst in Kap. 4.4[155] einräumt. Zudem hegt BonJour begründete Zweifel an der Aussage-

---

sen" Wissensbegriff vertreten zu wollen, um beispielsweise nicht reflexive Wissensformen „naturalisieren" zu müssen. Aber dies wäre im Gegensatz zu seinem Anspruch, einen *gemeinsamen* Wissensbegriff für Mensch und Tier begründen zu wollen. Vgl. dazu auch Bermúdez, *Knowledge, Naturalism, and Cognitive Ethology*, S. 312–316.

[154] Siehe Schumann, *Epistemische Rechtfertigung und Wahrheit als Empfehlung*, Kap. II.9.

[155] Kornblith, *Knowledge and its Place in Nature*.

kraft der Studienergebnisse, auf die sich Kornblith bezieht.[156] Noch gewichtiger allerdings wiegt der Einwand gegen Kornblith, welcher Ersatz anstelle der nach seiner Ansicht nach unzuverlässigen Methode der Reflexion vorzusehen wäre. Hier verfängt sich Kornblith in einem Begründungszirkel, da er schlechterdings nicht die Zuverlässigkeit von Prozessen bei der Genese von Überzeugungen mit deren Zuverlässigkeit begründen kann, siehe dazu auch Abschnitt 4.5 unten. Außerdem unterstellt Kornblith den beiden klassischen Positionen der Rechtfertigung das Dogma, dass ein epistemisches Subjekt gleichsam einem Rechenautomaten sämtliche Überzeugungen in Beziehung zueinander setzen müsste, um gerechtfertigt zu sein.[157] In der epistemischen Praxis spielt jedoch die (subjektive) Gewichtung einiger weniger Überzeugungen eine weitaus größere Rolle als eine Überprüfung auf Kohärenz bzw. darauf, welche Überzeugungen als Basissätze bereits als gerechtfertigt gelten. Das schließt freilich nicht aus, dass Kohärenzüberlegungen als Meta-Regeln ihre Anwendung finden.[158] Insofern erscheinen die extremen Varianten des Kohärentismus bzw. Fundamentalismus, gegen die Kornblith argumentiert, ohnehin als wenig plausibel.

Die folgenden Überlegungen setzen sich mit Kornbliths Begründung epistemischer Normen auseinander. Kornblith lehnt zwar zu Recht Stichs eigene These über die Quelle epistemischer Normativität aufgrund einer fehlenden Differenzierungsmöglichkeit zu anderen nicht-epistemischen Rechtfertigungsarten ab. Gleichwohl ist Kornbliths Kritik (die wiederum auf einem Argument von Stich beruht) an Goldmans Betonung des Werts semantischer Analysen nicht überzeugend. Erstens bleibt unbegründet, vor allem aus Sicht eines Naturalisten wie Kornblith, warum die kognitiven Prozesse einer fremden Kultur sich von unseren eigenen unterscheiden sollten. Zweitens scheint in diesem Beispiel

[156] Vgl. BonJour, *Kornblith on Knowledge and Epistemology*, S. 322–327.

[157] Vgl. BonJour, *Kornblith on Knowledge and Epistemology*, S. 328 f.

[158] Siehe auch Schumann, *Epistemische Rechtfertigung und Wahrheit als Empfehlung*, Kap. II.10.2.

das Hauptproblem die Sprachdifferenz und weniger die Frage nach der Vergleichbarkeit epistemischer Maßstäbe zu sein. Ein Übersetzer wäre durchaus in der Lage, herauszufinden, welche epistemischen Maßstäbe beispielsweise ein Eingeborenenstamm verwendet und welche davon möglicherweise aus unserer Sicht inakzeptabel wären (wie z.B. die Vorhersage von wichtigen Ereignissen durch die Auslegung von Tiereingeweiden). Eine semantische Analyse des epistemischen Vokabulars zeigt dagegen, wie wir mit Begriffen wie „Rechtfertigung“ und „Wissen“ umgehen, woher sie ihre normative Kraft beziehen und vor welchen Fallstricken wir uns aufgrund einer zu oberflächlichen Betrachtung zu hüten haben.

Kornblith versucht mit seiner eigenen These von epistemischen Normen als universelle hypothetische Imperative den Fehler in Stichs Ansatz zu vermeiden. Allerdings gelingt ihm das deswegen nicht, weil auch hier unplausibel bleibt, inwiefern die biologisch bedingten Bedürfnisse eines Lebewesens zu einem epistemischen Interesse führen sollen. Denn möglicherweise trifft das genaue Gegenteil zu, dass nämlich die Spezies die höheren Überlebenschancen hat, die ihr Erkenntnisstreben auf ein Minimum beschränkt. Insbesondere zeigt Kornbliths Behauptung der Möglichkeit der Zuverlässigkeitserhöhung eines kognitiven Systems durch Selbstbeobachtung, dass er hier gleichsam einem *perpetuum mobile* epistemischer Rechtfertigung aufsitzt.[159]

Abschließend werden Kornbliths Überlegungen zur Rolle der Philosophie im Vergleich zu den Naturwissenschaften beleuchtet. BonJour bemängelt zu Recht, dass Kornblith sowohl starke als auch moderate Thesen zu diesem Themenkomplex vertritt.[160] Betrachtet man Kornbliths Gesamtwerk „Knowledge and its Place in Nature“, so scheint eine starke Lesart von Kornbliths Naturalis-

[159] Genauer: ein *perpetuum mobile* zweiter Art: Ähnlich wie sich nicht eine Maschine konstruieren lässt, die ohne zusätzliche Energiezufuhr stets Arbeit durch Wärmeentzug aus der Umgebung verrichtet, lässt sich auch nicht epistemische Zuverlässigkeit ohne Berücksichtigung externer Maßstäbe, also Normen, erhöhen.

[160] Siehe BonJour, *Kornblith on Knowledge and Epistemology*, S. 319 f.

mus plausibel zu sein. Unklar bleibt dann aber für den Leser, worin der genuin philosophische Beitrag von Kornblith besteht, wenn man, wie er, einen nahtlosen Übergang von naturwissenschaftlichen Disziplinen und Philosophie annimmt. Denn dann wäre eine Untersuchung erkenntnistheoretischer Grundbegriffe tatsächlich z.B. besser in der kognitiven Ethologie aufgehoben, und Kornbliths Beitrag bestünde darin, darauf aufmerksam gemacht und Fragen der Semantik und epistemischen Normativität als letztlich naturwissenschaftliche Fragestellungen ausgewiesen zu haben. Aber diese Position steht in einem direkten Widerspruch dazu, dass der Erkenntnistheoretiker an wesentlich allgemeineren Fragen interessiert ist (siehe auch S. 71 f oben), z.B. welchen Wissensbegriff wir im Alltag anlegen, ob Wissen und falls ja, unter welchen Bedingungen dies möglich ist, die Unterscheidung zwischen Erkenntnis und Irrtum etc.[161] Kornblith setzt daher voraus, was zunächst noch begründungsbedürftig ist. Erkenntnistheorie im Besonderen und Philosophie im Allgemeinen lassen sich nicht empirisch umdeuten, ohne dabei gleichzeitig einen abrupten und vollständigen Themenwechsel vorzunehmen.

Ferner kann sich auch Kornblith nicht dem Grundproblem naturalistischer Deutung erkenntnistheoretischer Fragestellungen entziehen, mit dem bereits Quine konfrontiert wurde und das von Bealer und BonJour gegen Kornblith aufgeworfen wurde, siehe Unterabschnitt 4.3.1: das Problem des drohenden Selbstwiderspruchs. Denn Kornblith unternimmt den Versuch, mit rationalen Argumenten zu begründen, dass sich Wissensansprüche nicht mit rationalen Argumenten fundieren lassen, sondern durch zuverlässige kognitive Prozesse etabliert werden.[162]

[161] Vgl. dazu Jeffrey R. Tiel, „The Dogma of Kornblith's Naturalism", in: *Synthese* 120 (3), 1999, S. 312.

[162] Vgl. dazu auch BonJour, *Kornblith on Knowledge and Epistemology*, S. 329–333.

4.4 Überzeugungen, mentale Zustände und propositionale Einstellungen

Ein Element in Kornbliths Überlegungen besteht in der These, dass Glauben/Überzeugungen (beliefs) mentale Zustände sind, die eine propositionale Einstellung repräsentieren.[163] Im Folgenden werden gewichtige Gründe angeführt, die gegen diese These sprechen. Dazu werden die beiden Teilthesen, dass erstens nämlich Überzeugungen auf mentalen Zuständen beruhen und dass sie zweitens als propositionale Einstellungen aufzufassen sind, separat betrachtet.

Hierzu ist zunächst zu umreißen, was unter einem mentalen Zustand zu verstehen ist. Hacker sieht als ein wesentliches Attribut deren bereits im Namen enthaltenen statischen Charakter im Gegensatz etwa zu Ereignissen und Prozessen. Mentale Zustände weisen als Bewusstseinszustände eine bestimmte Zeitdauer auf. Beispiele für solche geistigen Zustände sind Nervosität, Konzentration, freudige Erregung und Ähnliches, die mit einem korrespondierenden Gefühl verbunden sind.[164]

Es ist genau diese Verbindung zu einem entsprechenden Gefühl, die es unplausibel macht, Überzeugungen als mentale Zustände aufzufassen, auch wenn es freilich nicht ausgeschlossen ist, dass beim Zustandekommen von manchen Überzeugungen eine bestimmte Gefühlslage mit einhergeht (beispielsweise beim Erfahren einer schlechten Nachricht, dass *p*).

---

163 Kornblith lässt den Leser leider im Unklaren darüber, inwiefern diese These seine naturalistische Position stützt.

164 Siehe Peter M. S. Hacker, „Of the Ontology of Belief“, in *Semantik und Ontologie*, hg. von Mark Siebel u. Mark Textor, Frankfurt am Main u.a. 2004, S. 194–202. Die nachfolgenden Argumente gegen die Auffassung, dass Überzeugungen mentale Zustände sind, entstammen ebenfalls diesem Abschnitt. Vgl. aber Jürgen H. Franz, *Geist und Handlung*, Würzburg 2010, S. 302 f, der aus einer funktionalen Sicht gegen eine (notwendige) Verbindung von mentalen Zuständen mit Gefühlen argumentiert.

Des Weiteren üben mentale Zustände je nach ihrer Art eine ermüdende oder belebende Wirkung im Unterschied zu Überzeugungen aus. Außerdem sind mentale Zustände im Gegensatz zu Überzeugungen durch eine Zeitspanne charakterisiert, die unter Umständen mehrere Stunden umfassen kann, jedoch anders als Überzeugungen nicht Jahre oder Jahrzehnte. Mentale Zustände wechseln aufgrund von Ablenkungen oder werden durch Schlafphasen unterbrochen – dies trifft jedoch nicht auf Überzeugungen zu.

Eine zusätzliche Schwierigkeit besteht in der Vielzahl an Überzeugungen, die jemand hegt und deren Individuation. Diese Problematik rührt unter anderem daher, dass eine bestimmte Überzeugung mit einer Unzahl an entsprechend negativ formulierten Überzeugungen verknüpft ist (wer glaubt, dass *A* der neue Präsident der USA werden wird, glaubt zugleich, dass *B* nicht der neue Präsident der USA werden wird etc.). Muss nun jede einzelne Überzeugung einem eigenen mentalen Zustand zugeordnet werden? Denn die Zahl der mentalen Zustände, in denen sich eine Person gleichzeitig befinden kann, scheint dagegen doch überschaubar zu sein.

Im Folgenden werden Argumente gegen die zweite Teilthese angeführt, dass nämlich Überzeugungen mit propositionalen Einstellungen identifiziert werden können. Hacker bringt einen plausiblen Einwand gegen diese Art von Gleichsetzung vor, der auf einer entscheidenden Differenz zwischen einer Überzeugung, dass *p* und der zugehörigen Proposition beruht:

> It is commonly suggested that to believe that *p* is a *propositional attitude*. That is patently misconceived, if it means that believing is an attitude towards a proposition. For believing that *p* is not the same as believing the proposition that *p*. To be sure, one can believe propositions, as one can believe stories, rumours, declarations and statements. But since what I believe, when I believe that *p*, may be

> what you fear or suspect, and since to fear or to suspect that *p* is not to fear or suspect the proposition that *p*, what I believe when I believe that *p* cannot be a proposition.[165]

Bede Rundle untersucht in seinem Aufsatz „Objects and Attitudes" sehr detailliert die Verwendungsweise von Formulierungen wie „believe that" und kommt ebenfalls wie Hacker zu dem Schluss, dass zwar freilich Überzeugungen mittels Propositionen ausgedrückt werden können, dass jedoch die Formulierung selbst eher expressiven Charakter hat, als dass sie auf eine Einstellung gegenüber einem Objekt verwiese.[166] Da die Ausführungen von Rundle zumeist einen sehr hohen Grad an technischer Subtilität aufweisen, auf die einzugehen den Rahmen dieser Arbeit sprengen würde, wird nachfolgend mit zwei weiteren Argumenten auf die ältere Arbeit von Alan White Bezug genommen, auf die sich sowohl Hacker als auch Rundle beziehen.

White macht einen wesentlichen Grund dafür, dass Überzeugungen als Einstellungen gegenüber einer Proposition aufgefasst werden, in einer falsch verstandenen Auffassung von sog. intentionalen Konzepten aus. Geistige Vorgänge wie z.B. *X* fürchten oder befürchten, dass *p*, würden sich nicht auf einen Gegenstand *X* oder den Sachverhalt, dass *p* beziehen, sondern stattdessen auf das Konzept von *X* bzw. die Proposition *p*. Eines der Argumente für diese (falsche) Auffassung lasse sich, so White, darauf zurückführen, dass Befürworter ein Bezugsproblem bei nicht-existenten Gegenständen (wie z.B. Einhörner) oder falschen Sachverhalten sähen. Denn Konzepte/Propositionen hätten den Vorzug einer gesicherten Existenz. White weist dieses Argument mit Recht zurück, da natürlich etwas gefürchtet, geglaubt, gehofft etc. werden kann, das nicht

165 Siehe Hacker, *Of the Ontology of Belief*, S. 186. Hervorhebung im Original. Dieses Argument geht auf White zurück, siehe unten.

166 Siehe Bede Rundle, „Objects and Attitudes", in: *Language & Communication* 21, 2001, S. 153.

existiert bzw. nicht der Fall ist. Somit ist dies ein überzeugender Einwand, dass Überzeugungen sich gerade *nicht* auf Konzepte oder Propositionen beziehen.[167]

Ein weiteres Gegenargument von White beruht auf einer Analogie von Fragen der Form „Was glaubst du?“ zu z.B. „Was siehst du?“. In beiden Fällen kann eine Antwort natürlich in Worten ausgedrückt werden, der Bezugsgegenstand ist jedoch im Allgemeinen kein Satz oder eine Proposition, wie an dem Beispiel mit dem Sehen deutlich wird.[168]

Nachdem nun weder mentale Zustände noch propositionale Einstellungen eine adäquate Beschreibungsweise für Überzeugungen darstellen, soll im Folgenden kurz eine positive Bestimmung dessen, was Überzeugungen ausmacht, skizziert werden. Die Überzeugungen einer Person werden offenbar durch ihre Verhaltensweisen und Handlungen oder auch ganz einfach durch ihre Antworten, die sie auf entsprechende Fragen erwidert.[169] Natürlich ist es auch möglich, dass uns jemand über seine tatsächlichen Überzeugungen täuscht – hier sind die jeweiligen situativen Umstände entscheidend, ob und wann wir jemandem zu Recht eine bestimmte Überzeugung zuschreiben. Allerdings können Überzeugungen auch wiederum nicht mit Verhaltensweisen gleichgesetzt werden, da aus der Perspektive der ersten Person natürlich keinerlei Beobachtung erforderlich ist, um zu wissen, welche Überzeugungen man hegt. Äußerungen der Form „ich hege die Überzeugung, dass *p*“ sind hier direkt ein Ausdruck der Überzeugung, dass *p* (ähnlich beispielsweise wie es bei Schmerzäußerungen der Fall ist).[170]

---

167 Siehe Alan White, „What We Believe“, in: *Studies in the Philosophy of Mind*, hg. v. Harold Brown, Oxford u.a. 1972, S. 71–73.

168 White, *What We Believe*, S. 73.

169 Vgl. z.B. Severin Schroeder, „Are Reasons Causes? A Wittgensteinian Response to Davidson“, in: *Wittgenstein and Contemporary Philosophy of Mind*, hg. v. dems., Basingstoke u.a. 2001, S. 154.

170 Siehe z.B. Severin Schroeder, „Private Language and Private Experience“, in: *Wittgenstein: A Critical Reader*, hg. v. Hans-Johann Glock, Oxford 2001, S.179 f.

4.5 Probleme des epistemischen Kausalismus und Reliabilismus

In diesem Abschnitt werden zwei erkenntnistheoretische Positionen, die typischerweise eng mit naturalistischen Auffassungen verbunden sind, näher beleuchtet. Dies ist zum einen der epistemische Kausalismus, dem Quine nahezustehen scheint und zum anderen der epistemische Reliabilismus, den Kornblith propagiert.

Kausaltheorien des Wissens sind deshalb für Vertreter naturalistischer Positionen so attraktiv, weil hier der Versuch unternommen wird, epistemische Rechtfertigung auf einer naturgesetzlichen Basis zu gründen.[171] Goldman, der als erster einen solchen Ansatz ausarbeitete, bezog seine Hauptmotivation daraus, eine Wissenskonzeption vorzulegen, die der Gettier-Problematik entrinnen sollte.[172] Grundmann nennt zwei grundsätzliche Schwierigkeiten, mit denen Goldmans Entwurf konfrontiert ist.[173] Zum einen muss Goldman die Reichweite seines Ansatzes auf empirische Sätze beschränken und kann daher z.B. das Wissen mathematischer Sätze nicht kausal rechtfertigen (Goldman nimmt an, dass dafür die traditionelle Wissensdefinition, d.h. letztlich klassische Rechtfertigungsarten ausreichen).[174] Zum anderen gelingt es Goldmans Ansatz gerade nicht, alle Arten von Gettier-Fällen zu bewältigen, wie Goldman selbst in einem späteren Aufsatz anhand des fiktiven Falles von Scheunenattrappen einräumt.[175] In diesem Gedankenexperiment fährt ein Mann namens Henry auf einer Landstraße und sieht am Wegrand eine Scheune. Was Henry nicht weiß,

---

[171] Vgl. dazu Peter Bieri, „Einleitung“, in: *Analytische Philosophie der Erkenntnis*, hg. v. dems., Weinheim 1997, S. 81–83.

[172] Siehe Alvin Goldman, „A Causal Theory of Knowing“, in: *The Journal of Philosophy* 64 (12), 1967, S. 357 f.

[173] Siehe Grundmann, *Analytische Einführung in die Erkenntnistheorie*, S. 121–126.

[174] Vgl. Goldman, *A Causal Theory of Knowing*, S. 357 f.

[175] Vgl. Goldman, *Discrimination and Perceptual Knowledge*, S. 772 f.

ist, dass sich in dieser Gegend die Bewohner einen Scherz erlaubt haben und Scheunenattrappen aus Pappmaché errichtet haben, die sich aus der Ferne von echten Scheunen nicht unterscheiden lassen. Tatsächlich hat Henry Glück und sieht die einzige wirkliche Scheune der Gegend vor sich, d.h. seine Sinneswahrnehmung und seine darauf beruhende Überzeugung, vor sich eine Scheune zu haben, sind kausal mit der Tatsache verknüpft, dass sich vor ihm wirklich eine Scheune befindet. Aufgrund der Zusatzinformation der Existenz von benachbarten Scheunenattrappen (die Henry nicht hat) wird man ihm dennoch das Wissen, dass sich vor ihm eine echte Scheune befindet, absprechen müssen.

Gegen kausale Formen der Rechtfertigung lassen sich jedoch auch eine ganze Reihe von weiteren Einwänden vorbringen, die im Folgenden ausgeführt werden. Der zentrale Gedanke besteht dabei darin, dass *Gründe* strikt von *Ursachen* zu unterscheiden sind, der epistemische Kausalist also einen kausalen Fehlschluss begeht.[176] Zunächst leisten Kausalerklärungen genau das nicht, wozu sie eigentlich gedacht sind, nämlich eine sichere Rechtfertigungsgrundlage zu bieten. Im Gegenteil, kausale Deutungen von Meinungen bleiben notorisch dunkel. Hierzu ist es nützlich, eine Analogie zu Handlungserklärungen zu betrachten. Denn einige der Argumente gegen kausale Handlungserklärungen lassen sich auch gegen Kausaltheorien des Wissens verwenden.[177] Ein Beispiel dafür findet sich bei Schroeder.[178] Jemand kann aus verschiedenen Gründen einen Spaziergang unternehmen und womöglich ist keiner der Gründe als ein-

[176] Koppelberg bestreitet genau diesen Fehlschluss, siehe Koppelberg, *Was macht eine Erkenntnistheorie naturalistisch?* S. 80–84. Nach seiner Ansicht ist es nicht entscheidend, ob jemand geeignete Gründe für seine (wahre) Überzeugung, dass *p*, anführen kann, um zu wissen, dass *p*, sondern, dass dessen Überzeugung auch genau auf diesen Gründen beruht. Koppelberg übersieht jedoch, dass wir meist nicht wissen, *wodurch* unsere Überzeugung verursacht wurde. Eine Kausalanalyse ist hier nicht hilfreich, stattdessen sind die situativen Umstände und die Gründe für eine Überzeugung heranzuziehen, um zu entscheiden, ob ein Fall von Wissen vorliegt oder nicht. Vgl. dazu auch Hacker, *Human Nature: The Categorial Framework*, S. 226–232.

[177] Siehe Gunnar Schumann, „Reasons for Actions and Reasons for Beliefs", in: *Pre-Proceedings of the 36th International Ludwig-Wittgenstein-Symposium „Mind, Language, Action"*, Kirchberg 2013.

[178] Schroeder, *Are Reasons Causes?* wendet sich gegen Kausalerklärungen von Donald Davidson, „Actions, Reasons, and Causes", in: *The Journal of Philosophy* 60 (23), 1963, S. 685–700.

zelner kausal für den Spaziergang verantwortlich. Hier lässt sich aus der Beobachtung der Situation oder Befragung der Person auf die Handlungsgründe rückschließen, während Kausalerklärungen unklar bleiben. In ähnlicher Weise lässt sich dieses Argument auf Meinungen und Überzeugungen übertragen, z.B. die (angenommen wahre) Überzeugung, dass Spazierengehen gesund ist, für die jemand gute oder wenige gute, rechtfertigende Gründe angeben kann, während die kausale Verursachung dieser Überzeugung für deren Rechtfertigung keine Rolle spielt. Ganz generell fehlt dem epistemischen Subjekt normalerweise der Zugang zu Meinungsursachen im Gegensatz zu Gründen, da eine Vielzahl von Meinungen und Überzeugungen nicht auf persönlichen einprägsamen Erfahrungen beruhen, sondern über Kommunikation und durch diverse Medien vermittelt werden.

Zweitens sind Kausaltheorien mit dem Problem abweichender Kausalketten konfrontiert. Ein Kaufmann einer Firma ist depressiv und stellt daher seinem Chef die finanzielle Situation wesentlich schlechter dar als sie ist. Der Chef verfällt daraufhin auch in eine Depression. Außerdem hat der Chef die seltsame Eigenschaft, zu glauben, dass seine Angestellte dieselbe Stimmung haben wie er selbst. Also hegt er die wahre Überzeugung, dass sein Kaufmann depressiv ist, die zudem in einem kausalen Zusammenhang mit der Tatsache steht, dass sein Kaufmann depressiv ist. Dennoch ist dieses Beispiel schwerlich ein Fall von Wissen.[179]

Drittens lassen sich Kausalerklärungen nicht in dem Sinne evaluieren, wie dies bei der Angabe von Gründen möglich ist, die sich beispielsweise als schwerwiegend, nicht überzeugend, plausibel etc. bewerten lassen.[180]

---

179 Siehe Craig, *Was wir wissen können*, S. 58 f, das Beispiel stammt laut Craig ursprünglich von B.A.O. Williams, siehe Fußnote S. 59.

180 Hierin drückt sich der normative Charakter des epistemischen Vokabulars aus, vgl. Schumann, *Epistemische Rechtfertigung und Wahrheit als Empfehlung*, Kap. II.9.

Viertens droht bei Kausalerklärungen ein infiniter Regress, da stets nach der Ursache für eine Ursache weiter gefragt werden kann, während die Rechtfertigungsfrage mit der Angabe von Gründen (die überzeugend sein mögen oder auch nicht) beantwortet ist.

Der Reliabilismus kann als eine Weiterentwicklung von Kausaltheorien aufgefasst werden. Im Kern besagt dieser Ansatz, dass eine Überzeugung dann als gerechtfertigt gilt, wenn sie auf dem Resultat eines verlässlichen Prozesses oder einer zuverlässigen Methode beruht. Demzufolge sind Kausaltheorien ein Spezialfall eines reliabilistischen epistemischen Konzepts.[181] Auch hier liegt wie beim Kausalismus eine rein externalistische Rechtfertigungsform vor, da versucht wird, epistemische Rechtfertigung zu objektivieren und das epistemische Subjekt keine Kenntnis über die Zuverlässigkeit des (der) Prozesses (Methode) benötigt.[182] Goldman motiviert diesen Ansatz über die Frage nach dem Diskriminationsvermögen.[183] Da Henry in dem oben genannten Beispiel die echte Scheune von *relevanten Alternativen*, nämlichen den Scheunenattrappen, nicht unterscheiden kann, wird der Reliabilist diesen Wahrnehmungsprozess als unzuverlässig einstufen und damit Henry das Wissen, dass sich vor ihm eine Scheune befindet, absprechen.

Ein erster Einwand gegenüber dem epistemischen Reliabilismus ergibt sich unmittelbar aus der Frage, welcher Grad an Zuverlässigkeit verlangt ist. Eine hundertprozentige Garantie scheidet aus, um nicht dem Gespenst des Wissensskeptizismus anheimzufallen. Daher wird man sich mit einem etwas geringeren Prozentsatz zufrieden geben müssen oder man begnügt sich ganz einfach mit folgendem Zusatz, dass nämlich die in Frage stehenden Methoden in der Regel

---

[181] Siehe Ernst, *Einführung in die Erkenntnistheorie*, S. 108.

[182] Siehe Grundmann, *Analytische Einführung in die Erkenntnistheorie*, S. 265–267.

[183] Goldman, *Discrimination and Perceptual Knowledge*, S. 771–791. Vgl. dazu auch Grundmann, *Analytische Einführung in die Erkenntnistheorie*, S. 133–136.

zuverlässig sind. Aber damit hat sich der Reliabilist noch nicht dem eigentlichen Hauptproblem gestellt, das durch Gedankenexperimente wie das Scheunenbeispiel virulent wird. Denn einfache Zusatzinformationen können zu einer vollständig anderen epistemischen Situation führen. Der Reliabilist hat jedoch zumindest bei Fragen empirischen Wissens den Anspruch, einen Ansatz gefunden zu haben, der generell das Problem epistemischer Rechtfertigung lösen soll. Es scheint aber schlicht unmöglich zu sein, eine Methode mit sämtlichen Randbedingungen anzugeben, die (fast) immer epistemische Rechtfertigung sicherstellt, schlimmer noch, es ist völlig unklar wie eine prozentuale „Erfolgsquote" zu evaluieren wäre, um einzelne Methoden (inkl. der zugehörigen Situationsbeschreibung) als zuverlässig bzw. nicht zuverlässig auszuzeichnen.[184]

Eng damit verbunden ist eine zweite große Schwierigkeit, wie sie beim Scheunenbeispiel sichtbar wird: Welche Alternativen müssen in einer bestimmten Situation als relevant aufgefasst werden? Kornblith führt gegen diesen Einwand an, dass sein Wissensbegriff robuster als der alltägliche Wissensbegriff sei. Denn im Gegensatz zu Gedankenexperimenten wie dem Scheunenattrappenbeispiel könnten beliebige Alternativen nicht gewählt werden, da ein maßgeblicher Faktor für die Auswahl die Anpassung eines Organismus an dessen natürliche Umgebung sei.[185] Kornblith verkennt jedoch, dass er damit des Problems einer Bewertung von denkbaren Situationen als zulässig bzw. irrelevant noch nicht enthoben ist (denn diese geschieht schließlich nicht von selbst). Im Grunde stellt sich jedoch weniger die Frage nach einer einfachen Unterscheidung zwischen „zuverlässig" bzw. „unzuverlässig", sondern es handelt sich vielmehr um eine graduelle Differenzierung. Je nach Bedeutung der Entscheidung, ob jemand weiß bzw. nicht weiß, werden auch „weit entfernte" Alternativen in Betracht zu ziehen zu sein. Aber das heißt letztlich, dass der reliabilistische

184 Vgl. dazu auch Ernst, *Einführung in die Erkenntnistheorie*, S. 109 f.

185 Kornblith, *Knowledge and its Place in Nature*, S. 63–69.

Standpunkt kein eigenständiger ist, sondern einer Position des epistemischen Normenpluralismus nahekommt, wobei diese Normen sich dadurch unterscheiden, welcher Grad an Gewissheit veranschlagt wird.

Schließlich besteht für den Reliabilisten ein weiterer Problempunkt darin, dass „zuverlässig" ein wertender Begriff ist – die Position des Reliabilismus aber eigentlich für sich in Anspruch nehmen möchte, gerade nicht von Werturteilen einzelner bzw. denen einer Gemeinschaft abhängig zu sein, sondern epistemische Rechtfertigung auf externe Gegebenheiten zu stützen und somit objektivieren zu können.[186] Angesichts der angeführten Schwierigkeiten scheint das aber eine Illusion zu sein.

4.6 Vergleich der Positionen von Quine und Kornblith

Quines Position zielt eindeutig darauf ab, das Projekt der traditionell verstandenen Erkenntnistheorie zugunsten der Psychologie bzw. den Kognitionswissenschaften aufzugeben (*replacement naturalism*). Der normativen Verfasstheit von Wissensansprüchen trägt Quine keine Rechnung. Daher thematisiert Quine auch nicht direkt die Frage epistemischer Rechtfertigung, er hält schließlich die klassischen Antworten auf das Problem der Geltung von Wissensansprüchen für gescheitert. Seine Ausführungen legen jedoch eine kausal verstandene Form epistemischer Rechtfertigung zumindest nahe. Auch bei der Frage der epistemischen Zielsetzung bleibt Quine dunkel, aber (wissenschaftliches) Wissen dürfte zu den Zielen gehören (siehe oben S. 53). Welchen Wahrheitsbegriff Quine in *Epistemology Naturalized* vertritt, ist ebenfalls nicht

[186] Vgl. dazu Schumann, *Epistemische Rechtfertigung und Wahrheit als Empfehlung*, S. 192 f.

5 Plädoyer für eine traditionelle Wissensdefinition

Die zahlreichen Einwände gegen den epistemischen Naturalismus und Eliminativismus haben verdeutlicht, dass keine der vier untersuchten Positionen von Beckermann bis Kornblith dem Wissensbegriff in seiner allgemeinen Bedeutung gerecht wird. Allerdings lassen sich die negativen Teilergebnisse für die traditionelle Definition des Wissens fruchtbar machen, indem aus den dargelegten Problemen eliminativer und naturalistischer Erkenntnistheorien positive Konsequenzen für eine plausible JTB-Rahmenfassung des Wissensbegriffs gezogen werden. Der Schwerpunkt der anschließenden Überlegungen dazu liegt auf der Rolle epistemischer Rechtfertigung, wobei u.a. die folgenden Aspekte berücksichtigt werden: epistemische Werte und Ziele, Formen epistemischer Rechtfertigung, Quelle epistemischer Normativität und Gettier-Problematik.

Aus der Diskussion der Positionen von Beckermann und Sartwell lässt sich schließen, dass die Rolle epistemischer Rechtfertigung drei wesentliche Aspekte beinhaltet: Wahrheitsförderlichkeit (instrumenteller Aspekt), Wahrheitsanzeige (kriterieller Aspekt) und Empfehlung (normativer Aspekt). Die normative Dimension epistemischer Rechtfertigung kann nicht durch die beiden ersten Aspekte abgedeckt werden. Dies lässt sich plausibel dadurch begründen, dass wir mit dem Wissensbegriff stets eine Qualität, einen Anspruch verbinden. Eine epistemisch gerechtfertigte Überzeugung stellt somit (in epistemischer Hinsicht) einen Wert für sich dar.

Nach Kornblith ist die Tatsache, dass wir überhaupt Wünsche und Bedürfnisse haben, dafür verantwortlich, dass epistemische Normen für uns interessant sind. Aber damit bleibt unverständlich, worin der genuin epistemische Charakter solcher Normen bestehen soll. Stattdessen liegt es nahe, die Quelle epistemischer Normativität darin zu suchen, dass wir epistemisch begrenzt sind, weil für uns Wahrheit nicht direkt zugänglich ist (vgl. Kapitel 2 und Unterabschnitt 3.1.2).

Damit eng verknüpft ist die Frage, ob wir mehrere epistemische Ziele oder lediglich ein einzelnes verfolgen. Eine eingehende Untersuchung würde den Rahmen dieser Arbeit sprengen, stattdessen mag an dieser Stelle eine grobe Skizze weniger Argumente ausreichen.[191] Vertritt man einen Zielmonismus liegt „Wahrheit" im Rahmen einer JTB-Fassung des Wissens als notwendiger Bestandteil nahe. Denn ein anderes epistemisches Ziel anstelle der Wahrheit führt zu der Schwierigkeit, dass dann unklar wird, ob der Wissensbegriff nicht seine epistemische Prägung verliert. Propagiert man dagegen mehrere epistemische Ziele, so stellt sich die Frage nach deren Hierarchie und ob die Gefahr konfligierender Ziele besteht und wie gegebenenfalls deren Auflösung zu bewerkstelligen ist.

Basierend auf dem Argument endlicher kognitiver Fähigkeiten halte ich einen moderaten Zielpluralismus für adäquat, in dem Wahrheit das oberste Ziel darstellt und zu den daraus abgeleiteten Zielen zumindest epistemische Rechtfer-

---

[191] Für eine Übersicht siehe Jonathan L. Kvanvig, „Truth Is Not the Primary Epistemic Goal", in: *Contemporary Debates in Epistemology*, hg. v. Matthias Steup, John Turri u. Ernest Sosa, Malden (MA) u.a. 2014, S. 352–362 u. Marian David, „Truth as the Primary Epistemic Goal: A Working Hypothesis", in: *Contemporary Debates in Epistemology*, hg. v. Matthias Steup, John Turri u. Ernest Sosa, Malden (MA) u.a. 2014, S. 363–377. Eine ausführliche Diskussion findet sich in Markus P. Hess, *Is Truth the Primary Epistemic Goal?* Frankfurt u.a.: Ontos 2010.

tigung und epistemische Vernetztheit gehören.[192] Die beiden abgeleiteten Ziele lassen sich dabei jedoch nicht auf einen rein instrumentellen Zweck reduzieren, siehe obigen Abschnitt über den normativen Aspekt epistemischer Rechtfertigung. Der Begriff der epistemischen Vernetztheit ist durch die wissenschaftstheoretische Arbeit von Hoyningen-Huene motiviert, der untersucht hat, inwiefern sich wissenschaftliches Wissen von Wissen im alltäglichen Gebrauch unterscheidet.[193] Gegen epistemische Vernetztheit als Ziel ließe sich einwenden, dass ja der Wissensbegriff hier auf eine einzelne Proposition bezogen werden soll (siehe auch Unterabschnitt 3.2.3). Allerdings träfe dieser Einwand auch ganz klassische Rechtfertigungsformen wie den Kohärentismus. Epistemische Vernetztheit kann auch als Spezialfall epistemischer Rechtfertigung aufgefasst werden, insofern stellt sie keine echte Zusatzbedingung zur JTB-Fassung von Wissen dar. Der Vorteil sie als separates epistemisches Ziel zu verstehen, besteht darin, dass damit verständlich wird, warum miteinander vernetzte Überzeugungen für uns wertvoll sind: sie tragen nämlich unseren endlichen kognitiven Fähigkeiten Rechnung.

Die Differenziertheit der Anwendungsfälle von „Wissen“ legt einen epistemischen Normenpluralismus nahe, wir rechtfertigen z.B. mathematisches Wissen in anderer Weise als Wissen basierend auf Sinneswahrnehmungen.[194] Dabei spielen kohärentistische und fundamentalistische Überlegungen zur Rechtfertigung zumindest als Meta-Regeln eine Rolle, siehe auch Unterabschnitt 4.3.4. Eine Schwierigkeit, der in dieser Arbeit nicht weiter nachgegangen werden kann, ist die Frage, welche epistemischen Normen Anwendung finden und wie sie im Konfliktfall gewichtet werden bzw. gewichtet werden sollten. Die Deutung von epistemischer Rechtfertigung als Empfehlung spricht dafür, dass epi-

192 Weitere epistemische Ziele könnten z.B. Verstehen und die effiziente Strukturierung von Wissen sein. Dabei besteht jedoch stets die Schwierigkeit, zu viel unter dem Wissensbegriff zu subsumieren.

193 Siehe Paul Hoyningen-Huene, *Systematicity. The Nature of Science*, Oxford u.a. 2013.

194 Siehe auch Fahrbach, *Die Elimination des Wissensbegriffs*, S. 46 f.

stemische Subjekte Rechtfertigungsgründe unabhängig davon angeben können müssen, ob die Perspektive der ersten oder dritten Person eingenommen wird (entgegen der Auffassung von Beckermann). Dies würde einen prinzipiellen Zugangsinternalismus, wie in Kapitel 2 skizziert, favorisieren. Beckermanns Vorschlag (siehe Unterabschnitt 3.1.1), die Zuverlässigkeit verschiedener Rechtfertigungsmethoden zu untersuchen, ist mit dem Problem konfrontiert, das vor allem bei der Auseinandersetzung mit dem epistemischen Naturalismus (insbesondere dem Reliabilismus) deutlich wurde: Es kann keinen objektiven epistemischen Maßstab für Zuverlässigkeit in einem absoluten Sinn geben, da für uns Wahrheit nicht direkt erfahrbar ist. Stattdessen bleibt nur der Weg über den intersubjektiven Austausch. Allerdings sichert die Allgemeinheit epistemischer Prinzipien eine Vergleichsmöglichkeit.[195]

Abschließend wende ich mich noch einmal kurz der Gettier-Problematik zu. Die Gettier-Beispiele beziehen einen Teil ihrer Plausibilität dadurch, dass für eine in Frage stehende Überzeugung *p* deren Wahrheit schlicht vorausgesetzt wird. Aber diese Außenperspektive kann überhaupt kein endliches epistemisches Subjekt einnehmen, so dass die Problematik des Wissensskeptizismus nicht allzu virulent zu sein scheint (siehe Kapitel 2 und 3.1.2). Lehnt man Gettier-Fälle für die Wissensfrage nicht als exotische Sonderfälle ab, so besteht ein Ausweg darin, bei einer nur zufällig wahren, gerechtfertigten Überzeugung (die Überzeugung hätte leicht falsch sein können) den Erfolg der Rechtfertigung zu bestreiten (*Infallibilismusprinzip der Rechtfertigung*: Nach diesem Prinzip folgt aus einer erfolgreichen epistemischen Rechtfertigung einer Überzeugung deren Wahrheit.).[196] Dieses Argument ist besonders einsichtig, wenn man eine epistemische Wahrheitstheorie wie Schumann vertritt. Es ist aber z.B. ebenfalls mit einer korrespondenztheoretischen Wahrheitstheorie kompatibel, auch wenn

[195] Siehe Schumann, *Epistemische Rechtfertigung und Wahrheit als Empfehlung*, Kap. II.9.

[196] Siehe Schumann, *Epistemische Rechtfertigung und Wahrheit als Empfehlung*, S. 248 ff.

dann die Relation zwischen Wahrheit und Rechtfertigung erst noch zu klären ist.

Die in diesem Kapitel vorgestellten Überlegungen zu einer traditionellen JTB-Fassung von Wissen weisen epistemischer Rechtfertigung ein besonderes Gewicht zu. Der Preis, der dafür zu entrichten ist, besteht zum einen darin, dass nach dieser Tieren kein und Kleinkindern nur in sehr begrenztem Umfang Wissen zugesprochen werden kann, und dass zum anderen das Problem des möglichen Normenkonflikts in Kauf genommen wird. Andererseits bietet die propagierte JTB-Fassung im Gegensatz zu den in der Arbeit diskutierten Varianten des epistemischen Eliminativismus und Naturalismus den Vorzug, eine adäquate Klärung von „Wissen" als Allgemeinbegriff (in seiner propositionalen Bedeutung) leisten zu können. Auch wenn andere Deutungsmöglichkeiten für den Wissensbegriff anstelle von JTB nicht ausgeschlossen sind, so trifft zumindest das berühmte Zitat, nach dem Totgesagte länger leben, auch auf die folgende These zu: Propositionales Wissen ist – in guter Näherung – wahre gerechtfertigte Überzeugung.

Literaturverzeichnis

Baumann, Peter: „Ist der Begriff des Wissens inkohärent?“ in: *Zeitschrift für philosophische Forschung* 55 (4), 2001, S. 594–601.

Beckermann, Ansgar: „Wissen und wahre Meinung“, in: Lenzen, Wolfgang (Hg.): *Das weite Spektrum der analytischen Philosophie. Festschrift für Franz von Kutschera.* Berlin u. New York: de Gruyter 1997, S. 24–43.

Beckermann, Ansgar: „Zur Inkohärenz und Irrelevanz des Wissensbegriffs. Plädoyer für eine neue Agenda in der Erkenntnistheorie“, in: *Zeitschrift für philosophische Forschung* 55 (4), 2001, S. 571–593.

Beckermann, Ansgar: „Lässt sich der Wissensbegriff retten? Replik auf die Kritiken von Peter Baumann, Thomas Grundmann und Frank Hofmann“, in: *Zeitschrift für philosophische Forschung* 56 (4), 2002, S. 586–594.

Bermúdez, José L.: „Knowledge, Naturalism, and Cognitive Ethology: Kornblith's ‚Knowledge and Its Place in Nature'“, in: *Philosophical Studies: An International Journal for Philosophy in the Analytic Tradition* 127 (2), 2006, S. 299–316.

Bieri, Peter: „Einleitung“, in: Ders. (Hg.): *Analytische Philosophie der Erkenntnis.* 4. Aufl. Weinheim: Beltz Athenäum 1997, S. 75–84.

BonJour, Laurence: *In Defense of Pure Reason. A Rationalist Account of A Priori Justification.* Cambridge u.a.: Cambridge University Press 1998.

BonJour, Laurence: „Kornblith on Knowledge and Epistemology“, in:

Philosophical Studies: An International Journal for Philosophy in the Analytic Tradition 127 (2), 2006, S. 317–335.

Brendel, Elke: *Wahrheit und Wissen*. Paderborn: Mentis 1999.

Craig, Edward: *Was wir wissen können. Pragmatische Untersuchungen zum Wissensbegriff*. Hg. v. Wilhelm Vossenkuhl. 2. Aufl. Frankfurt am Main: Suhrkamp 2016.

David, Marian: „Truth as the Primary Epistemic Goal: A Working Hypothesis“, in: Steup, Matthias, John Turri u. Ernest Sosa (Hg.): *Contemporary Debates in Epistemology*. 2. Aufl. Malden (MA) u.a.: Wiley Blackwell 2014, S. 363–377.

Davidson, Donald: „Actions, Reasons, and Causes“, in: *The Journal of Philosophy* 60 (23), 1963, S. 685–700.

Dummett, Michael: *Frege: Philosophy of Language*. New York u.a.: Harper & Row 1973.

Ernst, Gerhard: *Einführung in die Erkenntnistheorie*. 3. Aufl. Darmstadt: Wissenschaftliche Buchgesellschaft 2011.

Fahrbach, Ludwig: „Die Elimination des Wissensbegriffs“, in: *Facta Philosophica* 6, 2004, S. 45–56.

Feldman, Richard: „Naturalized Epistemology“, in: Zalta, Edward N. (Hg.): *The Stanford Encyclopedia of Philosophy*. Summer 2012 Edition, o.O. 2012, http://plato.stanford.edu/archives/sum2012/entries/epistemology-naturalized/ (letzter Zugriff 06.05.2017).

Fogelin, Robert J.: *Pyrrhonian Reflections on Knowledge and Justification*. Oxford u.a.: Oxford University Press 1994.

Franz, Jürgen H.: *Geist und Handlung. Wilfried Sellars' Theorie des Handelns im manifesten und wissenschaftlichen Weltbild*. Würzburg: Königshausen & Neumann 2010.

Gettier, Edmund: „Is Justified True Belief Knowledge?“ in: *Analysis* 23 (6), 1963, S. 121–123.

Goldman, Alvin: „A Causal Theory of Knowing“, in: *The Journal of Philosophy* 64 (12), 1967, S. 357–372.

Goldman, Alvin: „Discrimination and Perceptual Knowledge“, in: *The Journal of Philosophy* 73 (20), 1976, S. 771–791.

Goldman, Alvin: „Kornblith's Naturalistic Epistemology“, in: *Philosophy and Phenomenological Research* 71 (2), 2005, S. 403–410.

Grice, Herbert P.; Strawson, Peter F.: „In Defense of a Dogma“, in: *The Philosophical Review* 65 (2), 1956, S. 141–158.

Grundmann, Thomas: „Warum wir Wissen als einen wichtigen Begriff der Erkenntnistheorie betrachten sollten: Eine Antwort auf Ansgar Beckermann“, in: *Zeitschrift für philosophische Forschung* 56 (1), 2002, S. 118–124.

Grundmann, Thomas: *Analytische Einführung in die Erkenntnistheorie*. Berlin u. New York: de Gruyter 2008.

Hacker, Peter M. S.: „Of the Ontology of Belief“, in Siebel, Mark; Textor, Mark (Hg.): *Semantik und Ontologie. Beiträge zur philosophischen Forschung*, Frankfurt am Main u.a.: Ontos 2004, S. 185–222.

Hacker, Peter M. S.: „Passing by the Naturalistic Turn: On Quine's Cul-de-Sac“, in: *Philosophy* 81 (2), 2006, S. 231–253.

Hacker, Peter M. S.: *Human Nature: The Categorial Framework*. Malden (MA) u.a.: Wiley-Blackwell 2010.

Hess, Markus P.: *Is Truth the Primary Epistemic Goal?* Frankfurt u.a.: Ontos 2010.

Schroeder, Severin: „Are Reasons Causes? A Wittgensteinian Response to Davidson“, in: Ders. (Hg.): *Wittgenstein and Contemporary Philosophy of Mind*. Basingstoke u.a.: Palgrave Macmillan 2001, S. 150–170.

Schroeder, Severin: „Private Language and Private Experience“, in: Glock, Hans-Johann (Hg.): *Wittgenstein: A Critical Reader*. Oxford: Blackwell 2001, S. 174–198.

Schumann, Gunnar: *Epistemische Rechtfertigung und Wahrheit als Empfehlung*. Münster: Mentis 2013.

Schumann, Gunnar: „Reasons for Actions and Reasons for Beliefs“, in: *Pre-Proceedings of the 36th International Ludwig-Wittgenstein-Symposium „Mind, Language, Action“*. Vortragsmanuskript. Kirchberg 2013.

Sukopp, Thomas: *Radikaler Naturalismus: Beiträge zu Willard Van Orman Quines Erkenntnistheorie*. Berlin: Logos 2006.

Tiel, Jeffrey R.: „The Dogma of Kornblith's Naturalism“, in: *Synthese* 120 (3), 1999, S. 311–324.

Turri, John: „Is Knowledge Justified True Belief?“ in: *Synthese* 184 (3), 2012, S. 247–259.

White, Alan: „What We Believe“, in: Brown, Harold (Hg.): *Studies in the Philosophy of Mind*. Oxford u.a.: Blackwell 1972, S. 69–84.

Wittgenstein, Ludwig: „Über Gewißheit“, in: Ders.: *Bemerkungen über die Farben. Über Gewißheit. Zettel. Vermischte Bemerkungen*. Hg. v. Gertrude E. M. Anscombe u. Georg H. von Wright. Frankfurt am Main: Suhrkamp 1984 (=Werkausgabe Bd. 8), S. 113–257.

Zoglauer, Thomas: *Einführung in die formale Logik für Philosophen*. 4. Aufl. Göttingen: Vandenhoeck & Ruprecht 2008.

PHILOSOPHIE, NATURWISSENSCHAFT UND TECHNIK

Bd. 1 Karsten Berr/Jürgen H. Franz (Hg.): Prolegomena – Philosophie, Natur und Technik. 234 Seiten. ISBN 978-3-7329-0160-9

Bd. 2 Helga Spriestersbach: Die Substanz bei Spinoza und Leibniz. 126 Seiten. ISBN 978-3-7329-0200-2

Bd. 3 Ingo Reiss: Das Verhältnis von Mathematik und Technik bei Nikolaus von Kues. 102 Seiten. ISBN 978-3-7329-0264-4

Bd. 4 Jürgen H. Franz/Karsten Berr (Hg.): Welt der Artefakte. 238 Seiten. ISBN 978-3-7329-0291-0

Bd. 5 Jürgen H. Franz: Nikolaus von Kues – Philosophie der Technik und Nachhaltigkeit. 150 Seiten. ISBN 978-3-7329-0369-6

Bd. 6 Markus Dangl: Naturalistische und eliminative Erkenntnistheorien. Eine Kritik. 106 Seiten. ISBN 978-3-7329-0423-5

Bd. 7 Torsten Nieland (Hg.): Erscheinung und Vernunft – Wirklichkeitszugänge der Aufklärung. 292 Seiten. ISBN 978-3-7329-0520-1

Bd. 8 Friedrich Reinhard Schmidt: Das ist der Mensch. 142 Seiten. ISBN 978-3-7329-0556-0

Bd. 9 Karsten Berr/Jürgen H. Franz (Hg.): Zukunft gestalten – Digitalisierung, Künstliche Intelligenz (KI) und Philosophie. 248 Seiten. ISBN 978-3-7329-0547-8

Bd. 10 Gordon Seitz: Metaphysik und Naturwissenschaft bei Kant und Whitehead. Eine Verhältnisbestimmung. 128 Seiten. ISBN 978-3-7329-0521-8

Bd. 11 Norbert Klöcker: Künstliche Intelligenz und lernende Systeme. Kann ein Computer intelligent handeln? 186 Seiten. ISBN 978-3-7329-0648-2

PHILOSOPHIE, NATURWISSENSCHAFT UND TECHNIK

Bd. 12 Henning Stahlschmidt: Zwischen Freiheit und Vernunft – Die Möglichkeit in der Phänomenologie Husserls. 112 Seiten. ISBN 978-3-7329-0792-2

Bd. 13 Jürgen H. Franz/Karsten Berr (Hg.): Menschenrechte und Menschenwürde. Philosophische Zugänge und alltägliche Praxis. 286 Seiten. ISBN 978-3-7329-0815-8

Frank & Timme